돈이 되는
**일본 부동산
투자 가이드**

국내 최초 일본 부동산 투자 전문서

돈이 되는
일본 부동산
투자 가이드

채운 彩雲 지음

단비 P&B

경제적 자유를 생각하며 도쿄를 바라보다

　한국 정부는 투기 지역, 투기 과열 지역, 조정 대상 지역, LTV(주택담보대출비율), DSR(총부채원리금상환비율), DTI(총부채상환비율), 양도소득세 중과세, 징벌적 취득세, 분양가 상한제, 종합부동산세 등 이루 열거할 수 없을 정도의 부동산 정책을 쏟아 내었다.

　부동산 억제 정책에 대응하면서 변칙적인 투자방식이 계속되기도 하고 저금리를 바탕으로 한 부동산 상승 국면이 한동안 유지되기도 하였다. 그러나 변칙적인 투자방식도 팬데믹Pandemic을 거치며 미국이 주도한 전 세계적인 금리 인상 정책에 따른 급격한 부동산 가격하락과 거래량 감소에는 맞서지 못하는 듯하다.

　정부가 부동산 시장 하향화 연착륙을 위해 관련 규제를 완화하고는 있으나 경기침체 및 금리 인상 등의 파고를 넘기는 쉽지 않아 보인다. 국내의 시장은 적극적 부동산 투자 시점이라고 보기 어렵고 관망과 리스크 관리의 시점이라고 하여야 할 것이다. 물론 현금 보유가 많은 일부 투자자의 경우 투자이익을 창출할 수 있는 구조인 것도 사실이지만 금융권 대출을 통한 레버리지를 활용하고자 하는 부동산 투자자들로서는 어려운 시기임이 틀림없을 것이다.

이제 부동산 투자를 멈추어야 할 것인가 하는 고민이 있을 수 있다.

그 어떤 부동산 정책과 환경에도 불구하고 투자의 흐름을 바꾸는 가장 큰 외부적인 요인은 금리이다.

금리 인상으로 인하여 부동산 투자에 어려움이 있다면 그 시야를 돌려 다른 곳을 바라보아도 좋을 듯하다.

오랫동안 일본 부동산 투자 및 자문을 하며 늘 갖게 되는 생각은 일본 부동산 정책의 변함없는 연속성이다. 물론 미시적인 정책적 변화야 있었겠으나 일본의 한결같은 부동산 정책은 안정적인 투자를 할 수 있게 해주는 가장 큰 요인 중 하나이다.

더불어 전 세계적인 고금리 정책에 반해 일본 중앙은행은 마이너스 금리정책을 유지하고 있다. 이는 대내외적인 요인으로 당분간 일본의 금리정책에 변화가 있기는 어려워 보인다.

국가적 금리 차이는 환율의 차이로 연동된다. 원화 대비 엔화의 환율은 하락한 상태이다. 이 또한 국가적 금리 차이로 엔저 현상은 당분간 유지될 전망이다.

결국 안정적인 부동산 정책, 지속적인 부동산 가격 상승, 저금리 및 엔화의 저평가 등 일본 부동산 투자의 모든 요건이 갖추어진 상황이라 할 수 있다.

이제 투자의 시점을 국내의 아파트가 아닌 일본 도쿄의 수익형 부동산에 맞춰보면 좋을 것 같다. 일본의 선진화된 부동산 관리시스템은 한국에서도 일본 도쿄의 부동산을 관리·운영하는데 부족함이 없다.

이 책에서는 도쿄를 중심으로 기술하였으나 부동산 투자의 절차와 과정은 일본 내 어느 지역의 부동산을 거래하더라도 다르지 않다. 이 책에서 소개하고 있는 법인설립, 외환 신고, 매물 임장, 매매계약, 관리회사 계약 및 부동산 소유권이전등기 등 부동산 투자의 전반적인 과정과 세금 및 부동산 운영 등에 관한 내용이 일본 부동산 투자에 작게나마 도움이 되길 바란다.

물건의 종류, 지역 및 독자의 사정에 따라 세부적으로 달리 판단하고 협상해야 하는 과정이 다양할 것이다. 하지만 대체적인 흐름을 알고 있는 것만으로도 일본 부동산 투자에 대한 접근이 용이해질 수 있다고 본다.

이 책을 통해 독자들이 일본 부동산 투자 과정을 이해하고, 객관적인 정보를 통해 투자할 만한 가치가 있음을 확인하며, 선진화된 관리시스템으로 운영되는 부동산 관리체계를 경험할 수 있는 기회가 되기를 바란다.

이제 건물 보러 도쿄에 가는 일은 부산 임장만큼 수월해질 것이다.

집필하는 과정에서 참고한 많은 자료 또는 정보 등은 부동산 시장의 속성상 발췌 및 인용 과정에서 이미 법 개정 및 시간의 경과로 오류가 발생할 수 있는 점은 독자의 양해를 구한다.

마지막으로 株式會社 媛興業 代表取締役 岡本様, 司法書士 永田様, 税理士 島田様, 弁護士 阿倍様 및 SBJ銀行, ハナ銀行, ウリィ銀行 관계자분들께 감사드린다.

저자 채운彩雲

01

왜 일본
부동산인가

1 | 안정적이고 예측 가능한 부동산 투자

1) 안정적 투자

일본 부동산 투자의 가장 큰 매력은 선진국 시장에 투자한다는 점이다. 최근까지 해외 부동산 투자는 중국이나 베트남, 캄보디아 등 동남아시아 국가들이 주를 이루었다. 이러한 개발도상국들은 국가 리스크를 안고 투자해야 하는 어려움이 있다. 그 리스크로는 첫째 토지를 소유할 수 없이 건물만을 매입해야 한다는 점, 둘째 직접투자가 아닌 간접투자 방식인 점, 셋째 금융시스템 미비를 들 수 있다. 이런 리스크 때문에 투자금을 회수하지 못하는 경우가 종종 발생하곤 한다.

반면 일본 부동산은 외국인이라도 일본인과 마찬가지로 자유롭게 거래할 수 있다. 당연히 토지에 대해서도 소유권이 인정된다. 일본에서는 다른 외국에서 흔히 볼 수 있는 외국인용 규제 또는 영주권이나 국적의 유무, 비자의 종류에 따른 규제 등이 없다. 외국인도 일본 내 토지 및 건물 등 부동산 소유가 인정되고, 소유권의 기한 또한 없으며, 자유롭게 매매·증여·상속도 가능하다. 부동산 구입 및 소유, 매각 시에 발생하는 세금도 일본인과 동일하게 부과된다.

이러한 일본의 해외 거주자에 대한 차별 없는 부동산 정책과 최근 엔저라는 요인 때문에 해외 거주 외국인들의 일본 부동산 구입이 증가하고 있는 추세다. 투자 또는 직접 사용을 목적으로 유럽, 미국, 아시아, 오세아니아 등 세계 각국의 외국인들이 일본 부동산을 매입하고 있으며 그 종류도 다양하여 도쿄 도심의 맨션이나 상업용 빌딩, 홋카이도 등의 리조트 물건 등 외국인 부동산 오너가 증가하고 있다.

특히 미국이나 유럽처럼 현지 자산관리회사가 외국인이 일본 내 부동산을 소유했을 때 발생할 수 있는 여러 문제 처리는 물론 관리까지 맡아서 해주는 시스템이 정착되어있다. 따라서 해외 거주자가 일본 부동산에 투자하는 것은 일종의 안전자산에 투자하는 것이라 할 수 있다.

2) 예측 가능한 부동산 시장

일본 내 관계자들에게 "한국의 부동산 정책은 너무 자주 바뀌어 투자하기 어렵다"는 이야기를 자주 듣는다. 이에 대한 답변이 궁색한 것이 사실이다. 필자의 책상에 놓여 있는 부동산세금조견표를 보면 아주 복잡하고 난해하다. 심지어 세무사나 회계사들도 매년 변경되는 부동산 정책에 따른

세액계산에 어려움이 있을 정도다.

특히 한국은 정권이 바뀌고 부동산 가격의 변화가 생기면 여지없이 정부의 시장개입으로 이어진다. 이처럼 과세 정책으로 부동산 시장을 통제하다 보니 자산가들은 안정적이고 예측 가능한 투자를 할 수 없다.

반면 일본의 부동산 정책은 그 변화가 크지 않다. 부동산 시장에 정부가 관여하는 경우가 많지 않고 시장에 맡겨두는 편이다. 부동산 시장의 변화를 목적으로 정부가 대출 규제를 강화하거나 2주택 이상의 취득세 중과, 양도세 중과 및 종합부동산세 등의 정책 등으로 시장을 혼란하게 만드는 일도 없다.

이는 부동산에 투자하면 수년 후에도 그 정책 및 과세를 예측할 수 있다는 말이다. 따라서 부동산 투자로 인한 나의 수익률을 산정하는 데 어려움이 없고, 예측 가능한 투자를 할 수 있다. 투자자에게 예측 가능한 투자라는 것은 매우 중요한 부분이다.

3) 투자 수익률의 극대화

현재 일본은 해외 거주자가 부동산에 투자하기 좋은 환율과 금리를 유지하고 있다.

해외 거주자도 일본인과 같은 조건의 부동산 투자가 가능한 정책은 물론이고 환차익으로 인한 상대적으로 저렴한 가격에 부동산 매입을 할 수 있다. 또한 일본중앙은행의 정책(기준)금리 −0.1%에 따른 1.5~2.5% 범위의 시중금리로 인하여 부담 없이 레버리지 투자를 하기 좋은 조건이 갖춰져

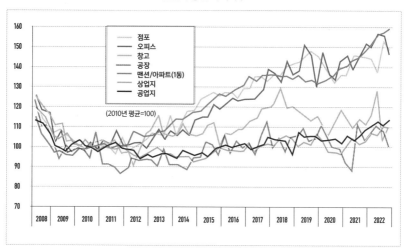

일본 부동산 가격지수

(2010년 평균=100)

범례:
- 점포
- 오피스
- 창고
- 공장
- 맨션/아파트(1동)
- 상업지
- 공업지

출처 : 국토교통성

있다. 물론 해외 거주자도 일본인과 동일하게 대출을 받을 수 있다.

더불어 일본 부동산 시장의 안정적 가격 상승도 유지되고 있다.

결국 일본인과 차별 없는 해외 거주자에 대한 부동산 투자정책에 엔저로 인한 환율 차이, 저금리로 인한 레버리지 확대 및 부동산 시장의 안정적 가격상승의 3대 조건이 모두 갖춰져 있는 지금이 해외 거주자로서 일본 내 부동산 투자를 하기 적절한 시기라 할 수 있겠다. 더불어 부동산 매각으로 인한 자금이 한국 내로 반입되는 시점의 환율에 따라 환차익을 얻는다면 투자수익을 극대화할 수 있다.

2 | 환율시장 및 전망

2020년 5월 22일 1¥=11.52₩이었던 엔화 대비 원화 환율이 2022년 11월 9일 1¥=9.38₩으로 일본 엔화 약세가 지속되고 있다. 약 20% 정도 하락한 상태에서 약보합세를 유지하다가 2023년 4월 20일 현재 1¥=9.86₩으로 일시 상승한 상태이나 대체로 엔화 가치가 하락한 상태인 1¥=9.0~9.9₩의 박스권 유지가 당분간 지속될 것으로 예상된다.

예를 들면 일본 부동산 2억 엔의 건물을 2020년 5월 22일에 매입하는 경우 약 23억400만 원이 필요하였던 반면 같은 건물을 동일 가격으로 2023년 4월 20일 매입하는 경우 한화 약 19억7,200만 원이 되어 약 3억3,200만 원 저렴하게 매입할 수 있는 것이다.

일본은 준 기축통화국이다. 전통적으로 경기침체나 금융 불안이 오면 엔화도 달러화처럼 가치가 상승하는 경향이 있었다. 그러나 코로나 팬데믹

원-엔 환율 그래프(3년간)

을 통과하며 엔화 가치가 급격하게 하락한 상태이다.

이는 환율정책과 더불어 금리정책과도 연동되어 있어 일본의 제로금리 정책에 변함이 없는 한 환율변동의 큰 변화는 없어 보인다.

자산 가격 지수(원화)

일본은행은 현재의 물가상승 등을 일시적으로 보고 있으며, 엔저에 의한 악영향에 대한 비판이나 일부 투자자들의 움직임에도 불구하고 금융완화를 끈기 있게 지속하는 자세를 유지하고 있다. 2~3년 이내에 급격한 금리변동은 없을 것이며 이로 인한 환율기조도 유지될 것이라는 것이 일반적인 관측이다.

앞의 자산 가격 지수(원화) 그래프는 최근 엔화 약세 및 상대적 원화 강세로 일본 내 부동산의 자산 가격이 원화에 유리한 시점임을 보여주고 있다.

이는 2017~19년도 자산가격지수 역전 현상 이후 다시 나타나는 현상인데, 2017~19년도에 비해 자산가격지수의 역전 현상의 폭이 더 크다. 이는 해외 거주자가 일본 부동산 투자에 적극적으로 나서야 한다는 의미다.

일본은 전 세계에서 GDP 대비 국가 부채비율이 가장 높은 나라 중 하나이기도 하지만 세계 최대 순채권 국가이기도 하다. 달리 말하면 일본의 가계, 기업, 정부가 세계에 보유한 자산에서 외국에 진 빚을 제외한 순수한 채권이 많다는 것이다. 즉, 일본은 나라 전체가 미국 등의 국채나 해외 기업들의 지분을 많이 보유하고 있어 이전소득移轉所得이 일본으로 들어오는 경제구조이다. 일본에 무역적자가 발생하더라도 경상수지는 흑자기조를 유지할 수 있는 이유이다.

일본은 제로금리를 고수하고 있다. 전 세계적으로 금리가 치솟고 있는 현재에도 일본은 제로금리 정책을 포기하지 않고 있다.

일본 정부가 금리를 올릴 수 없는 이유를 국가 부채에서 찾는 시각도 있다. 일본 재무성에 따르면 일본의 국채 잔액은 2021년도 말 기준 1천조 엔

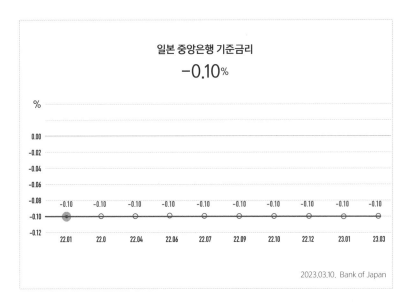

일본 중앙은행 기준금리
−0.10%

2023.03.10. Bank of Japan

(약 9,700조 원)을 넘었다. 국내총생산(GDP) 대비 국가 부채비율은 256%이다. 만약 금리가 1% 오른다면 일본 정부는 GDP의 2.7%를 이자로 지급해야 하며, 지금도 일본은 예산 중 국채 이자 비용으로 약 25%를 쓰고 있는 실정이다 보니 금리 인상이 재정부담의 급증으로 직결되는 구조이다. 이는 일본중앙은행이 금리를 인상하기 어렵게 하는 요인이다.

물론 미국의 금리 인상으로 전 세계가 금리를 인상하지 않을 수 없는 세계경제구조이고, 한국 또한 2023년 4월 현재 한국중앙은행의 기준금리가 3.5%로 인상된 상태에서 일본이 언제까지 제로금리를 유지할 수 있을지는 의문이다.

공식적으로 일본중앙은행의 정책(기준)금리는 −0.10%를 유지하며 최근 장기 국채 금리변동 폭을 ±0.25%에서 ±0.5%로 확대하였다. 정부는 금리

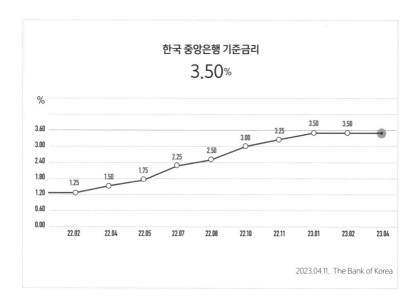

한국 중앙은행 기준금리
3.50%

2023.04.11. The Bank of Korea

인상을 한 것이 아니라고 주장하나 시장에선 장기금리의 상한선이 올랐기 때문에 사실상 금리 인상을 단행한 것으로 보고 있다. 다만 장기국채금리 변동 폭의 변화로 영향을 받는 것은 고정금리이다. 일본은행 및 관계자들은 변동금리에 영향이 미칠 것이라고는 예상하지 않고 있다.

일본 국채 발행을 원인으로 금리 인상 단행이 어렵다는 전망 외에 일본이 보유하고 있는 해외채권을 이유로 금리 인상 단행이 어렵다는 관측도 있다.

일본은 세계 금융시장의 큰손이다. 일본 기관 투자자들이 해외 주식과 채권에 투자한 금액이 3조 달러 이상인 것으로 추산하고 있고, 일본의 미국 주식채권 보유량만 미국 GDP의 7%가 넘는다. 일본이 금리를 올리면 해외 투자자금이 본국으로 회귀할 가능성을 염려하고 있다.

그러나 일본 자금의 대규모 회귀 가능성은 높지 않아 보인다. 일본 금리 인상의 여지가 그리 크지 않기 때문이다. 원인은 앞에서 언급한 바와 같이 일본 정부가 발행한 정부부채 때문이다. 국채금리가 인상되면 일본 정부로서는 감당하기 어려운 정도의 이자 부담을 안아야 하므로 일본중앙은행은 정부에 큰 부담을 주지 않는 선에서 금리를 유지하거나 소폭 올리는 정도라는 것이 전문가들의 일관 된 예측이다.

결국 엔화 약세 및 제로금리 정책으로 인한 외국 투자자의 자본가치 상승과 저렴한 대출이자로 유리한 레버리지 활용이 가능하다는 경제적 이익이 배가되었다. 이로 인하여 세계 각국의 자본이 일본 내로 유입되고, 이는 일본 부동산 매입에 자본이 집중되고 있는 현상으로 나타나고 있다.

2023년 4월 기준 한국 4대 시중은행의 주택담보대출 금리는 상위 신용 등급 기준 연간 5.04~5.76% 정도를 유지하고 있다. 물론 LTV(주택담보인정비율 40~70%로 제한), DTI(총부채상환비율 40~70%로 제한) 및 DSR(총체적 상환능력비율)로 인해 그 대출 범위가 제한적이다.

반면 일본 내 시중은행의 부동산담보대출은 1.5~2.5%를 유지하고 있고, 한국과 같은 부동산 금융제재가 없어 부동산 투자를 목적으로 레버리지를 활용하려는 우리로서는 일본의 금리가 큰 경제적 메리트라고 할 수 있다.

세계적으로 보면 2008년 '리먼 쇼크'로 시작된 금융위기를 기점으로 미 연방준비제도이사회FRB는 대규모의 금융완화정책을 시행해 왔고 전 세계 각국이 이를 따라왔다. 미국을 비롯하여 주요국의 중앙은행이 윤택한 자 금을 공급해온 덕에 잉여자금은 투자처를 찾아 높은 성장력과 고금리의 신흥국으로 유입되거나 부동산 및 주식 등의 시장으로 유입되어 금융위기 후의 세계 경제를 지탱해오고 있었다.

일본부동산연구소의 High End (고급주택) 국제부동산가격지수는 2022 년 10월 현재 도쿄를 100으로 기준하였을 때 베이징 127.9, 상하이 157.5, 홍콩 248.9, 타이베이 161.0, 싱가포르 125.6, 뉴욕 133.6, 런던 186.1로 주요 대도시 부동산가격지수가 도쿄에 비하여 높았고 이는 도쿄의 부동산이 상대적으로 저렴하다는 의미를 갖는다.

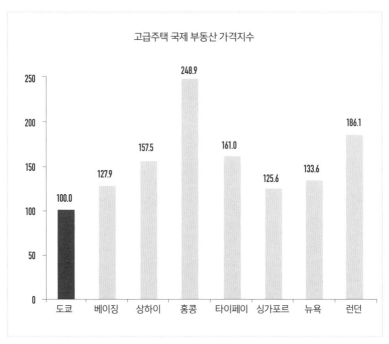

고급주택 국제 부동산 가격지수

출처 : 일본부동산연구소, 2022년 10월

전술한 바와 같이 코로나 팬데믹과 러시아의 우크라이나 침공 등으로 자원가격 및 다양한 상품가격이 상승하여 각국의 중앙은행은 물가상승을 막기 위해 금융완화에서 긴축으로 방향을 전환했고 정책금리 인상에 돌입했다. 이러한 세계 경제 패러다임 속에서도 일본만이 다른 국가와 달리 금융완화를 지속하면서 저금리정책을 유지하고 있고, 그 결과 엔화 가치가 하락하여 이는 실제 약 24년 만의 엔저 시대에 진입한 상태가 되었다. 즉, 해외의 투자자 입장에서 보면 일본의 부동산 가격은 2022년 초를 기준으로 12개월 만에 약 25% 정도 저렴한 상대적 하락이 발생하였다.

해외의 투자자 및 투자펀드 등은 가격이 저렴해진 도쿄 부동산에 높은 관심을 보이며 해외자금이 일본에 계속해서 유입되고, 거래량의 증가로 부동산 가격상승이 지속되고 있다.

10년 전부터 중국 등 아시아계 투자자들이 도심의 타워맨션을 많이 구입했으나 현재는 유럽, 미국계 투자자 및 투자펀드 등이 도쿄 부동산의 주요 투자자로 부상하고 있다. 결국 다른 국가가 금융긴축을 단행함으로 인해 투자처로서 도쿄의 우위성은 점점 더 높아질 것으로 전망된다.

환율, 금리, 안정적 가격상승 및
환차익으로 얻는 수익 극대화

엔화 환율은 현재 하락 기조에 있지만 다시 원화 대비 가치는 상승할 것 이다. 이렇게 전망하는 이유는 간단하다. 지난 수십 년간의 부동산 가격 인

원-엔 환율 그래프(5년간)

출처 : www.msn.com

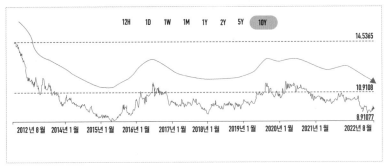

엔원환율 전망-과거 10년 엔원환율 그래프

| 12H | 1D | 1W | 1M | 1Y | 2Y | 5Y | 10Y |

14.5365

10.9108

8.91077

2012년 8월 2014년 1월 2015년 1월 2016년 1월 2017년 1월 2018년 1월 2019년 1월 2020년 1월 2021년 1월 2022년 8월

출처 : www.msn.com

상 패러다임과 비슷한 환율 사이클링의 변화 기조 때문이다.

과거 10년간 원화 대비 엔화의 가치는 위 그래프와 같이 등락을 반복해 왔다. 현재 엔화의 가치가 하락 국면이기는 하나 다시 반등할 것이다. 지난 10년간의 추이에 의하면 3~5년 주기를 엔화 가치 상승 시점으로 볼 수 있다. 일본 부동산 투자의 매각 시점을 환차익이 극대화될 수 있는 시기에 맞추는 방식도 고려해볼 만하다.

결국 외국인으로서 일본 내 부동산을 부동산자산가격지수 역전기인 현재 저렴한 가격으로 매입한 후 약 5년간 운영하여 임대수익을 취하고 부동산 자산 가격상승 및 엔화 환율 상승기에 매각하는 경우 임대수익, 매각수익 및 환차익 등 부동산 투자 수익을 극대화할 수 있다. 그 투자 시점이 이미 시작되었다.

일본 부동산
–도쿄를 중심으로

1 | 도쿄도東京都

도쿄도東京都, とうきょうと, Tōkyō-to는 일본의 수도이다. 다만 도쿄도를 일본의 수도라고 규정한 일본의 법령은 없다. 이런 이유로 794년부터 1869년까지 수도였던 '교토京都'를 일본의 정식 수도라고 주장하는 일부 의견이 있기도 하다. 다만 현실적으로는 내국인 외국인 할 것 없이 도쿄를 일본의 수도로 인정하고 있다.

도쿄도는 도쿄 중심 23구를 일컫는 구부(23구), 타마 지역(26시 3정 1촌) 및 도서부(2정 7촌)로 이어져 있고, 도청 소재지는 신주쿠구에 있다.

통상 도쿄도는 옆 지도의 붉은 선 우측의 도쿄 중심 23구 외에 위성도시와 비슷한 붉은 선 좌측의 타마 지역이 혼재되어 있는데 우리가 흔히 얘기하는 '도쿄'는 옆쪽에 있는 도쿄도 지도의 붉은 선 우측의 23구를 의미

도쿄도 지도

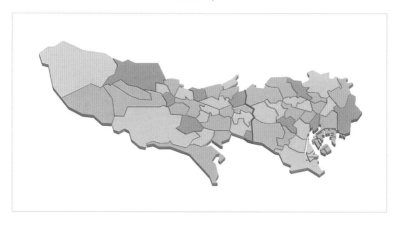

하는 것으로 보아도 무방하다. 지금의 23구에 해당하는 지역이 과거에는 도쿄시였지만 1942년昭和 17년 폐지된 이후 도쿄도東京都라고 불리고, 도쿄도 수반도 시장市長이 아닌 도지사都知事가 되면서 행정구역상 '도쿄시'는 현재 존재하지 않는다.

제도적으로는 기존 도쿄시의 기능을 도쿄도와 각 특별구에 나눈 형태이며, 이 때문에 도쿄도지사는 타 부, 현지사와 달리 특별구 지역의 도시계획 및 인프라 관리 기능과 같은 '시장'의 권한을 더 가진다. 특별구 이외의 시정촌은 타 지역의 시정촌과 동등한 지위다.

그 외에도 상당히 이질적이지만 배가 도쿄에서 출발하기 때문에 도쿄도의 행정 구역 내에 포함되는 이즈제도伊豆諸島나 오가사와라제도小笠原諸島가 있다. 도쿄에서 1,800km 떨어졌고, 일본은 섬으로 주장하나 국제적으로는 암초로 간주되는 일본 최남단 오키노토리시마沖ノ鳥島 역시 도쿄도 행정구역에 속한다. 도쿄도東京都는 일본 내 존재하는 유일한 도都로서 일본의 행정구역 중 인구수가 2022년 기준 14,044,538명으로 가장 많은 지역이다. 23개 특별구로 한정한다면 인구는 약 970만 명, 면적은 628km²로서 서울의 인구 950만 명, 면적 605km²와 비슷하다.

도쿄도에는 행정기관, 금융기관이나 대기업 등이 집중되어 신문·방송·출판 등의 문화 면, 대학·연구기관 등의 교육·학술 면에서도 일본의 중추를 이룬다. 교통 면에서도 철도망, 도로망, 항공로의 중심이며, 경제, 문화, 교통, 상업, 금융 등 여러 부분에서 세계적으로 매우 중요한 역할을 담당하는 도시이다.

도쿄도 구부東京都区部는 도쿄도에 속한 특별구로 도쿄도의 핵심부이자 인구밀도가 높은 지역이다. 도쿄 23구東京23区, 도쿄특별구東京特別区라고도 한다. 1943년 이전에는 도쿄시에 속한 지역이었지만 특별구의 조직은《일본 지방자치법》에 따라 세워졌고 이는 도쿄도에서만 유일하게 나타난다.

동쪽으로 치바현千葉県, 북쪽으로 사이타마현埼玉県, 남서쪽으로 가나가와현神奈川県, 서쪽으로 도쿄도 타마多摩 지역과 경계를 맞대고 있으며, 남동쪽으로 도쿄만이 위치해 있다.

도쿄 23구의 인구는 2022년 기준으로 도쿄도 인구의 3분의 2, 도쿄 수도권 인구의 약 20%를 차지한다. 면적은 628km²로 도쿄도 면적의 30%를 차지하며 인구밀도는 15,146명/km²이다. 분지 지형이라 산지가 많은 데다가 도시 한가운데를 강이 관통하여 가용면적이 적은 서울에 비하여 간토

도쿄23구

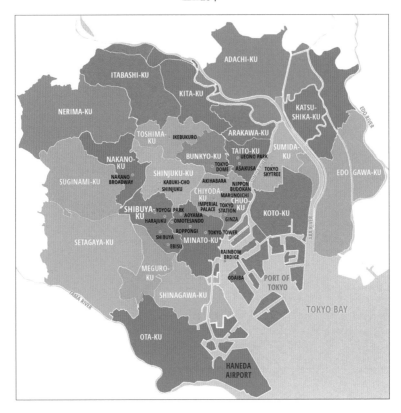

평야関東平野에 위치하고 있어 가용면적이 훨씬 넓은 도시이다.

독자들이 관심을 가져야 하는 도쿄도라고 한다면 특별한 사정이 없으면 도쿄 23구에 집중될 것이다.

도쿄 23구는 다음과 같다.

카츠시카구葛飾区 고토구江東区 기타구北区 나카노구中野区 네리마구練馬区 다이토구台東区 토시마구豊島区 미나토구港区 메구로구目黒区 스미다구墨田区 스기나미구

杉並区 신주쿠구新宿区 세타가야구世田谷区 시나가와구品川区 시부야구渋谷区 아다치구足立区 아라카와구荒川区 에도가와구江戸川区 이타바시구板橋区 오타구大田区 분쿄구文京区 추오구中央区 치요다구千代田区

3 | 도쿄 도심 7구

대부분의 독자는 도쿄 23구 중에서도 도쿄도의 도심 7구를 도쿄의 중심부로 생각한다. 마찬가지 이유로 관광객들도 도쿄 7구 내에서 머물며 관광을 할 것이다.

물론 도쿄를 다음과 같이 구분하기도 한다.

도쿄 3구 : 치요다구千代田区 추오구中央区 미나토구港区

도쿄 5구 : 치요다구千代田区 추오구中央区 미나토구港区 신주쿠구新宿区
　　　　　　시부야구渋谷区

도쿄 7구 : 치요다구千代田区 추오구中央区 미나토구港区 신주쿠구新宿区
　　　　　　시부야구渋谷区 분쿄구文京区 다이토구台東区

도쿄 10구 : 치요다구千代田区 추오구中央区 미나토구港区 신주쿠구新宿区

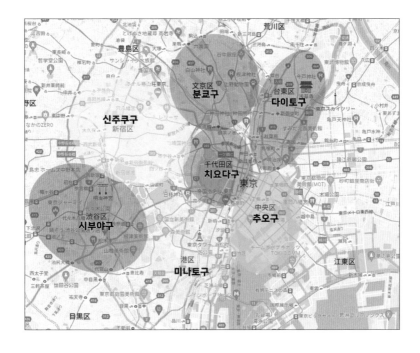

시부야구渋谷区 분쿄구文京区 다이토구台東区 토시마구豊島区

스미다구墨田区 코토구江東区

　도심에 대한 명확한 정의가 있는 것은 아니며 업계나 미디어에 따라 정해진 도심의 범위가 다른 경우도 많다. 다만 도쿄 부동산 투자를 위한 관심 지역으로 도쿄 7구 내지 10구까지 확대하여 관심을 가져볼 필요가 있다.

　이 책에서는 도쿄 도심 10구 중 7구를 간략히 소개하고자 한다.

1) 치요다구 千代田区

　치요다구 千代田区는 도쿄도의 구区부 중 도쿄도의 중앙부에 위치한 특별구 가운데 하나이다. 일본의 왕궁(궁내청), 입법부, 사법부, 행정부 모든 주요 기관들이 이 지역에 있으며, 정부 기관, 공공기관들도 대다수 밀집되어 있다. 또한 마루노우치丸の内와 오테마치大手町를 중심으로 대기업이나 금융기관이 밀집되어 있는 일본 최대의 경제와 금융 중심지를 형성하고 있으며, 일본 언론의 심장이기도 하다. 한마디로 도쿄도에서 가장 중요한 지역으로 도쿄도의 중심이다.

　치요다구는 고쿄皇居와 그 주변 반경 1km 지역으로 이루어져 있다. 치요다千代田라는 이름은 '천 세대의 밭'을 의미하며 에도성의 다른 이름인 '치요다성'에서 따온 것이다.

도쿄역東京駅

국회의사당, 수상 관저, 최고재판소와 같은 많은 정부 기관과 야스쿠니신사, 도쿄역, 일본무도관 같은 도쿄의 랜드마크 및 17개국의 재외공관이 치요다구에 있다.

2022년 기준 추계 인구는 67,715명이고 인구밀도는 5,807명/km²로 특별구 중 가장 낮다. 총면적은 11.66km²이고, 이 중 고쿄皇居가 12%를 차지한다.

2) 추오구中央区

추오구中央区는 일본 도쿄도의 심장부에 있는 특별구 중 하나이고 치요다구千代田区 남동쪽에 연접해 있다.

2차 대전까지 이 지역은 강과 운하가 교차하던 지역으로 작은 배가 주요 교통수단으로 사용되었고, 수로들은 특별구 내 많은 지구들의 경계선 기준이 되었으나 현재는 새로운 도로와 건물, 고속도로 건설을 위해 매립되었다.

에도시대江戶時代 때 각 지방에 가는 길의 기점이 된 다리 '니혼바시日本橋'가 만들어지고 그 주변의 니혼바시 지역은 상업지역으로 발전되었다. 현재도 니혼바시 지역에는 일본은행 본점, 도쿄 증권거래소 등 일본 경제의 중추와 미쓰코시三越 본점, 다카시마야高島屋 도쿄점 등 일본을 대표하는 백화점들이 모여있다.

또 일본을 대표하는 긴자銀座, 니혼바시日本橋와 같은 번화가와 상업지, 오피스 거리 등으로 구성되어 있고, 전국의 수산물이 모이는 '츠키지築地시

긴자銀座

장'도 추오구에 있다. 최근에는 주택용 건물이 상업용 빌딩으로 바뀌었고, 초고층 맨션(타워맨션)이 츠키시마月島, 츠쿠다佃, 카치도키勝どき, 하루미晴海와 같은 도쿄완 임해부(워터프론트) 등에 들어서면서 도심 회귀 현상의 중심지가 되고 있다.

이러한 현상은 인구의 급격한 증가로 이어지고 있으며, 2027년에는 인구 20만 명을 초과할 것으로 예측하고 있다. 2022년 기준 추계 인구는 173,547명이고 인구밀도는 16,998명/km²이며 총면적은 10.21km²이다.

3) 미나토구港区

미나토구港区는 일본 도쿄도에 있는 특별구 가운데 하나이며, 치요다구千代田区, 추오구中央区와 함께 도쿄 도심 3구로 불린다.

미나토구港区에는 방송국 등의 매스컴 관계, 광고대행사, IT 기업 등의 본사나 다국적 기업의 일본지사 등이 다수 밀집되어 있으며, 일본 경제의 가장 중심적 역할을 맡고 있다. 또한 수많은 민영 방송사의 본사가 소재하고 있으며, 도쿄의 랜드마크 중 하나인 도쿄타워도 이 지역에 있다.

토라노몬虎ノ門, 신바시新橋, 시오도메汐留, 아카사카赤坂, 시바芝, 코우난港南 등은 대규모 오피스 밀집 지역으로 이 지역에는 재개발에 의한 초고층빌딩이 모여있다. 아오야마青山, 오모테산도表参道, 아카사카赤坂, 롯폰기六本木, 오다이바お台場 등은 상업지역으로서의 성격도 지니고 있으며, 아자부麻

도쿄타워東京タワー

布, 시로가네다이白金台, 다카나와高輪 등에는 고급주택지가 형성되어 있다. 현재 일본에 있는 약 150개의 주일대사관 중 절반 이상이 미나토구에 있다. 대한민국 대사관 역시 이 지역에 있다.

2022년 기준 추계 인구는 262,552명이고 인구밀도는 12,889명/km²이며 총면적은 20.37km²이다.

4) 신주쿠구新宿区

신주쿠구新宿区는 일본 도쿄도의 특별구의 하나이고 도쿄도 도청 소재지이기도 하다.

신주쿠역은 세계 최대 이용자 수를 자랑하는 터미널역으로 역 주변은 낮과 밤의 인구 증감의 차가 매우 현격하다. 또한 신주쿠 서쪽 출구 쪽에 있는 니시신주쿠西新宿는 도쿄에서도 손꼽히는 오피스 밀집 지역이다. 북부에는 도심의 베드타운으로 인구가 급격히 증가한 오치아이落合 주택지가 있고, 와세다대학을 비롯한 많은 교육기관이 밀집해 있는 다카다노바바高田馬場 지구가 있다.

와세다대학, 도쿄 이과대학 등 대학이나 학교가 다수 소재하고 있고, 게이오기주쿠대학병원, 도쿄의과대학병원, 도쿄여자의과대학병원 등의 대학병원이나 국립국제의료연구센터병원 등 대형병원이 집적해 있는 지역이기도 하다.

또한 신주쿠구는 도내에서 외국인이 가장 많은 구이다. 외국인 중에도 중국인과 한국인이 다수 거주하고 있다. 특히 오오쿠보大久保, 오오쿠보역

신주쿠 가부키초新宿歌舞伎町

大久保駅, 신오오쿠보역新大久保駅 주변부터 쇼쿠안도오리職安通り에는 코리아타운을 비롯한 아시아계의 외국인 커뮤니티가 형성되어 있는 등 신주쿠구 인구의 10%가 외국인으로 추정되고 있다. 이처럼 신주쿠구는 상업지와 주택지, 다국적 색채까지 포함하고 있는 대도시로서의 성격을 띠고 있다.

2022년 기준 추계 인구는 351,028명이고 인구밀도는 19,266명/km²이며 총면적은 18.22km²이다.

5) 시부야구渋谷区

시부야구渋谷区는 일본 도쿄도에 있는 특별구의 하나로서 치요다구千代田区의 서쪽에 위치하고 있다.

시부야는 특히 젊은이들에게 패션의 중심지로 불리며 주요 유흥가이기도 하다.

1885년에 야마노테선山の手線의 개설로 시부야구는 도쿄 남서부의 철도 종점으로써 발흥하기 시작하였고 주요 상업과 오락의 중심지가 되었다.

시부야구에서 가장 잘 알려진 이야기 중 하나는 충견 하치에 관한 이야기이다. 이 개는 주인이 죽은 뒤에도 시부야역 앞에서 주인이 오기를 기다렸다는 일화로 유명해졌다. 그의 충성심을 높이 사서 충견 하치코忠犬ハチ公

시부야 스크럼블 교차로渋谷スクランブル交差点

라는 별명으로 불리고 있다. 하치코의 조각상이 역 주변에 세워졌고 하치코광장ハチ公前広場은 이 지역에서 가장 인기 있는 만남의 장소가 되었다.

시부야구의 요요기공원代々木公園은 1964년 도쿄올림픽 당시 요요기선수촌으로 일부 사용되다가 1967년에 요요기공원으로 재정비 되었다.

시부야구는 지난 30년간 젊은이들에게 가장 인기 있는 장소 중 하나이다. 유명한 패션 백화점들이 시부야에 있고, '시부야 109'는 시부야역 주변에 있는 주요 쇼핑센터로 특히 갸루ギャル 문화의 기원지로 유명하다. 시부야渋谷, 하라주쿠原宿, 오모테산도表参道, 센다가야千駄ヶ谷, 다이칸야마代官山 등은 최근 패션문화의 발산지이기도 하다.

시부야역 하치코 출구 앞에 있는 시부야 스크럼블 교차로나 시부야 센터가이는 '젊음의 거리' 대명사로 뉴스 등에 보도되기도 하여 전국적으로 유명하다. 신주쿠역에서 가까운 요요기代々木나 센다가야千駄ヶ谷도 번화가이자 오피스 밀집 지역이고, 그 외 니시신주쿠西新宿에 인접한 하츠다이初台나 혼초本町 또한 오피스 빌딩이 다수 존재한다.

하라주쿠, 오모테산도 및 인접한 미나토구의 아오야마青山 지역은 일본 패션의 중심으로 알려져 있으며, 다이칸야마代官山, 에비스恵比寿에는 상업시설이나 셀렉트숍 등 패션 어패럴 관련 산업이 집적해 있다.

구 내에는 메이지진구明治神宮나 요요기공원代々木公園과 같은 광대한 녹지가 있으며, 주변에는 쇼우토松濤나 요요기우에하라代々木上原, 다이칸야마代官山와 같은 야마노테의 고급주택가도 형성되어 있다.

2022년 기준 추계 인구는 242,563명이고 인구밀도는 16,053명/km²이며 총면적은 15.11km²이다.

6) 분쿄구文京区

분쿄구文京区는 일본 도쿄도에 있는 특별구 중 하나이고, 도쿄 23구의 중부 정중앙에 위치하며, 주거와 교육의 중심지이다.

메이지 시대에 학자와 정치가들, 그리고 나쓰메 소세키夏目漱石와 같은 문

도쿄대학 야스다강당東京大学安田講堂

학가가 이곳에서 태어났다. 출판, 인쇄, 첨단 의료 산업이 분쿄 경제의 주요한 역할을 하고 있고, 최근에는 IT 산업이 번성하고 있다. 분쿄에는 대형병원과 도쿄돔, 유도의 고도칸購道館, 도쿄대학 등이 있다.

도쿄대학을 필두로 대학이 많은 교육지구와 한산한 주택가가 구의 대부분을 차지하고 있다. 메이지 시대부터 나쓰메 소세키, 모리 오가이森鷗外, 미야자와 켄지宮沢賢治 등의 저명한 문인이나 학자, 정치가가 다수 거주했다.

JR 추오선中央線이 가까운 구의 남부에는 도쿄돔 시티 등의 상업지역이 있긴 하지만 전반적으로 주거지가 많다. 또한 공원이나 교육기관, 의료기관이 소재하며 문교지구文教地区로 지정된 지역은 조례에 의해 파친고パチンコ 매장이나 캬바레キャバレー 등 풍속영업법의 대상이 되는 상점에 대해서는 엄격하게 규제하고 있다. 비즈니스 거리인 치요다구千代田区와 인접하면서도 한적한 주택지를 많이 보유하고 있는 구이기도 하다.

2022년 기준 추계 인구는 242,909명이고 인구밀도는 21,515명/km²이며 총면적은 11.19km²이다.

7) 다이토구台東区

일본 도쿄도에 속하는 23개의 특별구 중 하나로 도쿄도의 북동쪽에 있으며, 1947년 3월 16일에 시타야구下谷区와 아사쿠사구浅草区를 합병하면서 만들어졌다. 도쿄 특별구 중 면적이 가장 작다.

다이토구台東区에는 에도시대부터 번화가로서 발전한 아사쿠사浅草, 도쿄 터미널역의 하나인 우에노역上野이 있다.

아키하바라역秋葉原駅 이름의 기원이 된 지명 아키하바라는 분쿄구에 걸쳐 있지만 현재 아키하바라는 행정구역상으로 분쿄구보다는 치요다구 쪽으로 훨씬 더 많이 편성이 되어 있기에 흔히 우리가 아는 아키하바라는 치요다구 쪽을 말하는 경우가 대부분이다. 실제로 아키하바라역 앞의 오타쿠 숍 지역과는 멀리 떨어져 있으며, 오타쿠 클럽인 모그라MOGRA가 있는 정도이다.

아사쿠사에 있는 센소지淺草寺는 건립 1,400년의 역사를 지닌다. 예전의 아사쿠사는 아사쿠사 6구를 중심으로 극장이나 영화관 등 공연시설이 밀

센소지淺草寺

집해 있는 도쿄 최대의 번화가였지만, 고도성장기 이후 이러한 공연시설은 오락의 다양화로 인해 쇠퇴하였다. 또한 신주쿠新宿, 시부야澁谷, 이케부쿠로池袋, 롯폰기六本木 등 야마노테의 신흥 번화가의 발전으로 인해 상대적으로 아사쿠사는 번화가로서의 지위를 잃게 되었다. 현재는 국내외에서 많은 사람들이 방문하는 관광지로서의 성격이 강하며, 도쿄에서도 일본의 정서를 느낄 수 있는 지구로서 외국인 관광객에게도 인기가 높다.

우에노上野에 있는 우에노공원에는 도쿄국립박물관 등 일본을 대표하는 미술관이나 박물관이 다수 자리하고 있는 한편 도쿄예술대학이 인근에 있어 우에노는 예술 문화의 발산지이기도 하다. 국립서양미술관이 세계유산에 등록되어 있으며, 그 외에도 1908년 당시 황태자의 결혼을 축하하기 위해 건축된 도쿄국립박물관 효케이칸表慶館 등 국가의 중요한 문화재가 많은 구이다.

구의 전반이 상업지로 구성되어 있어 순수한 주택지는 일부에 지나지 않으며 공급량도 적다. 단독주택도 일부 지역을 제외하면 매우 소량이며, 빌딩이나 맨션 등 토지의 고도高度 이용이 활발한 지역이다.

2022년 기준 추계 인구는 215,964명이고 인구밀도는 21,361명/km²이며 총면적은 10.11km²이다.

4 | 도쿄 23구 부동산 자산가치

도쿄 23구에서 가능하면 자산가치가 떨어지지 않는 지역의 부동산을 구입하는 것이 좋다. 이를 판단하기 위한 수치는 여러 가지가 있겠으나 그 지역의 토지가격 상승률 및 부동산가격지수를 비교하면 도움이 될 것이다.

1) 도쿄 공시지가

옆쪽의 표는 일본 국토교통성이 발표한 자료인데 2013년을 100으로 하여 2021년까지 8년간의 지가 변동을 나타내고 있다.

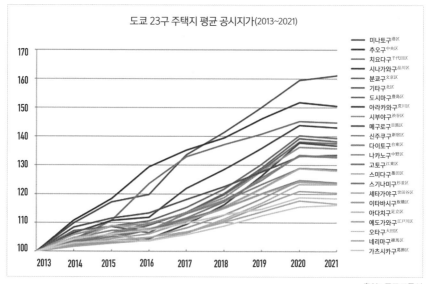

도쿄 23구 주택지 평균 공시지가(2013~2021)

출처 : 국토교통성

2013년경부터 아베노믹스Abenomics가 시작되면서 일본은행의 대규모 금융완화에 의해 도쿄 23구의 모든 지역에서 지가 상승이 나타나고 있음을 알 수 있다.

그러나 그래프를 보면 구에 따라 지가 상승률의 차이가 극명하게 나타나고 있음도 확인할 수 있다.

다음의 표는 순위 및 2013년~2021년까지의 각 구의 지가 상승률을 나타내고 있다.

지가상승률 1위~3위는 도심 3구로 불리는 중심부에 위치한 구가 차지하고 있다. 최근 수년간 도심 회귀현상이 두드러지게 나타나고 있는 현상과 궤를 같이한다고 볼 수 있다. 상위 반 정도의 구를 살펴보아도 도심 또는 도심에서 가까운 구가 지가 상승률이 높은 것으로 나타나고 있다.

도쿄 23구 2013~21년까지의 지가상승률

순위	구	지가상승률	순위	구	지가상승률
1	미나토구港区	61.6%	13	나카노구中野区	28.6%
2	추오구中央区	50.4%	14	고토구江東区	28.3%
3	치요다구千代田区	44.8%	15	스미다구墨田区	28.0%
4	시나가와구品川区	43.0%	16	스기나미구杉並区	23.9%
5	분쿄구文京区	39.4%	17	세타가야구世田谷区	23.7%
6	기타구北区	38.2%	18	이타바시구板橋区	23.6%
7	도시마구豊島区	37.6%	19	아다치구足立区	23.3%
8	아라카와구荒川区	36.8%	20	에도가와구江戸川区	20.4%
9	시부야구渋谷区	35.8%	21	오타구大田区	61.6%
10	메구로구目黒区	33.5%	22	네리마구練馬区	18.4%
11	신주쿠구新宿区	32.9%	23	가츠시카구葛飾区	16.6%
12	다이토구台東区	32.7%			

출처 : 국토교통성

2) 도쿄 부동산 자산가치

2013년부터의 지가상승률, 맨션 가격상승률, 코로나 기간의 지가변동율 등으로 도쿄 23구의 부동산 자산가치를 정리하면 다음과 같다.

도쿄 23구 부동산 자산가치 랭킹

순위	구	합계 득점	순위	구	합계 득점
1	미나토구港区	66	13	아라카와구荒川区	34
2	치요다구千代田区	62	14	기타구北区	32
3	다이토구台東区	49	15	스미다구墨田区	32
4	시나가와구品川区	47	16	고토구江東区	30
5	기타구北区	47	17	가츠시카구葛飾区	30
6	도시마구豊島区	47	18	세타가야구世田谷区	25
7	메구로구目黒区	47	19	오타구大田区	24
8	신주쿠구新宿区	45	20	에도가와구江戸川区	20
9	분쿄구文京区	43	21	이타바시구板橋区	18
10	추오구中央区	37	22	스기나미구杉並区	17
11	아다치구足立区	36	23	네리마구練馬区	5
12	아나카노구中野区	35			

출처 : 국토교통성

5 | 도쿄 부동산 투자

도쿄도와 도쿄 23구 및 도교 도심 7구에 대해 간략히 살펴보았다.

앞에서 도쿄 23구 공시지가 및 부동산 자산가치를 데이터로 살펴보았으나 그 순위에 집착할 필요는 없다. 부동산은 그 물건의 위치 및 상태에 따라 앞의 도표와 상관없이 가격이 결정되고 자산가치가 높아질 수 있다.

다만 도쿄 23구 중 도심을 중심으로 부동산매물을 살펴볼 필요가 있다.

도쿄도 내 거주 목적이거나 기타 이유로 도쿄도 23구 지역까지 넓혀 매물을 찾는 경우도 있기는 하다. 하지만 부동산 투자를 목적으로 하거나 적어도 투자를 병행하고자 한다면 도쿄도 내 도심지역의 부동산에 투자하는 것이 리스크를 줄이고 수익을 안정적으로 유지할 수 있는 방법 중 하나이다.

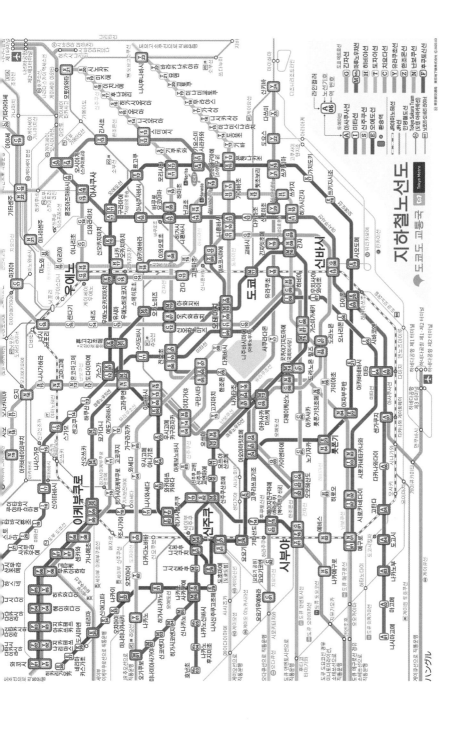

더불어 그동안 고객들의 요구도 대부분 위의 도쿄도 내 도심 7구~10구를 위주로 의뢰가 있었고 운영 및 매각의 이득이 높았던 곳이기도 하다.

따라서 거주 또는 다른 사유가 없는 한 도쿄도 내 도심 7구 또는 10구를 중심으로 매물을 찾는 것을 추천 드린다. 다만 도심 7구 내지 10구 외 다른 지역의 투자수익이 저조하다는 얘기가 아니다. 도심 7구 내지 10구를 중심으로 연접한 도심의 다른 구로 사고를 확대해 가는 것이 좋다는 의미임을 명심하자.

앞의 도쿄지하철 노선도를 보면 서울의 2호선 라인과 비슷한 ▄▄▄ JR야마노테선山手線이 있다. 도쿄 중심부를 순회하는 노선으로 JR야마노테선과 이를 지나가는 각 다른 노선들을 중심으로 매물을 찾아보는 방식이면 조금 수월할 듯하다.

일본 부동산
투자 유형

1 | 아파트アパート

한국의 '아파트'는 「주택법」 제2조 제3호, 「주택법 시행령」 제3조 제1항 제1호 및 「건축법 시행령」 별표 1 제2호 가목주택으로 규정하고 있는데, 통상 5개 층수 이상의 공동주택을 말한다.

반면 일본에서 말하는 아파트는 한국의 아파트와 개념이 다르다. 일본에서 아파트라 불리는 건물의 형태는 한국의 저층형 원룸 건물을 생각하면 가장 유사할 것 같다. 보통 2~3층 정도의 저층으로 목조나 경량철골 구조로 지어진 공동주택을 말한다.

가격이 저렴한 대신 방음, 단열시설이 부족하며 보안이 취약한 구조가 많다.

한국에서 일본 부동산을 소개하며 아파트와 맨션의 개념을 혼용하여

쓰기도 하고 아파트(맨션)라고 함께 병기하여 사용하는 경우도 있다.

이 책에서는 아파트와 맨션을 분명히 구분하고자 한다.

통상 투자를 목적으로 일본 부동산에 관심이 있는 독자들이라면 투자의 범주에 일본 아파트를 포함하는 경우는 많지 않다. 사용 연한이 지났거나 은행 대출이 어려울 수 있으며 더욱이 매각을 통한 현금성이 좋지 않아 투자 물건으로 적극 추천할 수 있는 투자 유형은 아니라고 판단된다.

물론 거주 목적을 병행하는 것이라면 저렴한 가격으로 매입할 수 있는 투자 유형이기는 하다.

일본에서도 한국의 아파트 재건축 또는 재개발과 같이 오래되고 낡은 구분소유주택의 주민 80% 이상의 동의로 재건축을, 100% 동의로 완전 철거를 할 수 있기는 하다. 이러한 개념에서 사용 연한이 지난 도쿄의 아파트를 매입하는 투자방식도 가능하기는 하나 주요 도심부를 제외하고는 투자 수익을 회수하는 것이 쉬운 일은 아니다.

일본의 맨션은 한국의 아파트와 비슷한 형태의 주거용 부동산이라고 할 수 있다. 다만 한국의 아파트는 수 개 또는 수십 개 동을 하나의 단지로 형성하는 것이 일반적이지만 일본은 대단지 아파트나 맨션은 흔치 않고 단독건물이 대체적인 형태이다.

최근 도쿄 중심부를 중심으로 타워형 고급맨션들이 분양되고 있는데, 그 가격이 단독건물 매입가격에 육박하는 경우가 많아졌다. 한국의 주상복합건물 타워팰리스, 갤러리아포레 등과 같이 하나의 동으로 구성되어 있다고 보면 된다. 가구 수가 2,000가구에 달하는 타워맨션도 있으니 한국의 단지형 아파트 수준 정도가 하나의 맨션에 있다고 보면 된다.

가격은 당연히 비싸고 관리비도 비싼 편이다.

일본에서의 맨션은 보통 4층 이상의 철골콘크리트 구조의 주거용 건물

을 말하는데, 1층에 상업시설이 들어선 경우도 있다. 최근 대도시에 세워
진 타워형 맨션은 대부분 주상복합형으로 건물 내에 생활편의 시설이 마
련되어 있어 생활하는 데 불편함이 없게 개발되고 있다.

통상 일본에서는 주거 공간을 설명할 때 LDK라는 약자를 사용한다.
1LDK는 1 Bedroom 1 Livingroom 1 Dining Kitchen을 표현하는 일본

식 영어 약자이다.

1LDK의 독립된 1개의 방, 거실, 주방으로 구성된 전용면적 47.20㎡(약 14평)의 타워맨션은 분양가가 6~7,000만 엔 정도하고, 3LDK의 독립된 방 3개, 거실, 주방으로 구성된 72.27㎡ (약 21평)의 타워맨션은 분양가가 9천만~1억 엔 정도 한다. 물론 입지와 시설에 따라 이보다 더 비싸게 분양되는 경우도 있다.

일본 맨션의 면적은 10~20평 정도가 보통이고, 30~50평 또는 그 이상의 대형 평수는 고층 맨션으로 보통 2억~5억 엔에 분양하는 것도 있다.

일본인들의 주거용 부동산 선호도는 단독주택이 차지하는 비중이 여전히 높지만 최근 도심을 중심으로 편리한 주거 형태인 맨션에 대한 선호도가 높아지고 있는 추세다. 맨션을 찾는 수요가 많아지고 가격상승이 지속되다 보니 분양 세대 수가 많아지고 있으나, 일부에서는 공급과잉을 우려하는 목소리도 없지 않다.

3

단독주택一戸建て,いっこだて

단독주택은 일본에서 가장 많은 주거 형태의 부동산이다. 단독주택은 워낙 집집마다 다양한 형태를 지니며 그 금액 또한 부동산에 따라 차이가 크다.

한국의 단독주택과 마찬가지로 일본의 단독주택 역시 편리함과 불편함이 공존한다고 보면 된다. 지역에 따라 가격 차이가 많다. 당연히 도쿄 중심구에 위치한 단독주택의 가격은 높은 편이며, 중심부를 벗어나 일반적인 주택지의 경우 비교적 저렴하면서 살기 좋은 단독주택을 구입할 수 있다.

대체로 박공지붕博栱-, gable roof [1]을 갖춘 목조 2층집이 주류이다. 차고지 증명제가 일찍 정착한 특성상 오래된 주택이라도 경차나마 둘 수 있는 주차 공간이 반드시 존재한다. 이 때문에 한국에 비해 대체로 담장의 높이가 낮고 차량의 출입이 원활하도록 주차장 부분이 뚫려있는 식으로 건축된다. 2000년대 이후 신축되는 주택들은 아예 담장 자체가 없는 경우도 많다.

또한 일본의 단독주택은 사설 경비업체에 가입한 가정들이 꽤 많다. 보안업체들은 기업용만큼이나 가정용 보안 서비스에 신경을 많이 쓰는 편이다.

내부구조는 거실이 바로 안 보이고 계단과 좁은 복도 공간이 존재하는 구조이며, 화장실을 빼면 서구식 주택구조를 그대로 들여왔기 때문에 거실은 1층에 있고 침실은 모두 2층에 있는 경우가 많다. 미국과 달리 지하실이 없는 경우가 많다.

단독주택은 주거용 또는 주거를 위주로 하는 투자목적으로 접근할 필요가 있다. 비주거 투자목적으로는 수익성이나 현금성에서 불리한 투자 형태임은 한국과 다르지 않다.

---

1 건물의 모서리에 추녀가 없이 용마루까지 측면 벽이 삼각형으로 된 지붕.

비거주자가 일본 부동산 특히 도쿄 부동산에 투자하고자 하는 경우의

대부분은 타워맨션이나 수익형 건물을 찾을 것이다. 통상 수익형 건물은

한동 건물, 1동 건물, 꼬마빌딩 또는 빌딩 등 다양한 용어로 소개된다.

수익형 건물은 건물 전체가 상가이거나 사무실 용도로 구성된 경우도 있고, 1~2층은 상가나 사무실로 사용되며 상층부는 주거용 구조로 되어 있는 경우도 있다. 또는 모두 주거용으로 사용되는 수익형 건물도 있다. 이는 모두 임차인을 두고 임대료 수익이 발생하는 구조로써 투자 선호도가 높다.

5 | 토지

부동산 투자의 수익을 최대로 높이기 위해 토지를 매입하여 그곳에 건물을 신축한 후 임대를 통해 임대수익률을 높이고 다시 매각하는 과정이 있다.

일본은 헌법 제29조에 의해 토지거래의 계약자유원칙이 보장되나, 국토의 균형발전 및 공공복지 등을 위해 토지의 소유와 이용 및 거래 등을 특별법으로 제한하고 있다. 전국에 일률적으로 적용되는 사후신고제와 지가상승의 정도 등에 따라 구역과 기간을 한정하여 적용되는 규제구역제도, 감시구역제도 및 주시구역제도로 구성되어 있다. 그러나 이러한 제도는 한국과 같이 투자수요를 억제하거나 투자시장을 통제하는 정도는 아니기에 그러한 제도가 있다는 정도로만 알면 될 것 같다.

일본 내 많은 부동산 투자회사가 토지를 매입한 후 건물을 신축하여 매각하는 방식으로 투자수익을 창출하지만, 외국인 비거주자가 신축 과정을

온전히 이어 나가는 것이 쉬운 일은 아니다.

서울도 현재 나대지로 남아 있는 토지는 흔치 않다. 도쿄 역시 나대지 상태로 거래가 이루어지기보다는 건물은 없지만 주차장으로 사용되고 있는 토지이거나 사용 연한이 많이 지나 더 이상 건축물로서의 역할을 할 수 없는 건물의 멸실을 전제로 한 토지가 주로 거래된다.

부동산 투자자로서 신축과 분양 또는 신축건물의 매각을 통해 투자이익을 높이는 방법은 매우 훌륭한 투자방식이기는 하나 건축 경험이 없는 외국인 투자자로서는 이러한 방식의 투자는 결코 쉬운 일이 아니다.

하지만 투자과정을 반복하며 경험을 축적한다면 추후 신축사업도 고려해볼 만하다.

1) 일본 부동산 투자 현황

코로나19 확대 이후에도 일본의 부동산 투자시장은 계속해서 확장하고 있다. REIT(Real Estate Investment Trust, 부동산투자신탁회사) 등의 자산 총액은 2020년 3월 기준 23.8조 엔에서 2022년 3월 기준 27.0조 엔으로 확대되었다. 정부는 우량 부동산 스톡 형성을 위해 2030년 무렵까지 REIT 등의 자산 총액을 약 40조 엔으로 목표를 설정하고 있다. 또한, 사모펀드 시장 규모도 2019년 12월 기준 19.2조 엔에서 2021년 12월 기준 24.1조 엔으로 확대되었다.

특히 일본 부동산 시장은 해외투자가로부터 관심이 높다. 2021년 일본 부동산 투자액의 약 30%를 해외투자자가 점유하고 있다. 국토교통성 「2020년도 해외투자가 앙케트 조사」에 의하면, '일본 부동산 투자처로서 검토 가능한 지역'으로 '기타 대도시 및 삿포로札幌, 센다이仙台, 히로시마広島, 후쿠오카福岡'라는 대답이 44%(2018년)에서 80%(2020년)로 증가하였고, '기타 지방 도시'라는 대답은 10%(2018년)에서 50%(2020년)로 증가했다. 투자 대상 자산의 다양화와 더불어 투자 지역도 확장되고 있음을 알 수 있다.

2) 용도별 자산규모

① 수익부동산

자산규모 275.5조 엔에 이르는 수익부동산을 용도별로 보면 '오피스'가 약 103.9조 엔으로 가장 크고 다음으로 '임대주택'이 약 72.0조 엔, '상업시설'이

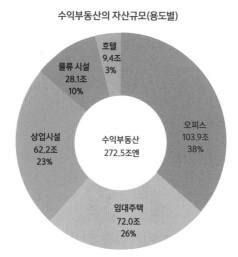

출처 : 닛세이기초연구소 가치종합연구소

약 62.2조 엔, '물류 시설'이 약 28.1조 엔, '호텔'이 약 9.4조 엔으로 추계되었다.

일본 국내 부동산 투자에 있어 '시장 포트폴리오'가 되는 '수익부동산'의 섹터 비율은 '오피스'가 38%(전회 조사 37%), '주택'이 26%(전회 조사 24%), '상업시설'이 23%(전회 조사 26%), '물류 시설'이 10%(전회 조사 9%), '호텔'이 3%(전회 조사 5%)이다.

투자신탁협회에 의하면 2022년 3월 시점의 J-REIT의 섹터 비율은 오피스 39%, 물류 시설 22%, 상업시설 13%, 임대주택 13%, 호텔 7%이다. 또한 미츠이스미토모 트러스트 기초연구소의 조사에 의하면, 부동산 사모펀드의 섹터 비율은 오피스 40%, 물류 시설 21%, 임대주택 12%, 상업시설 11%, 호텔 5%이다. 따라서 J-RIET와 부동산 사모펀드는 시장 포트폴리오와 비교했을 때 물류 시설의 비율이 높은 반면 임대주택과 상업시설의 비율이 낮다고 할 수 있다.

② 투자적격부동산

다음으로 투자적격부동산의 자산규모(용도별) 원형그래프(78쪽)와 같이 용도별로 보면 '오피스'가 약 72.9조 엔(점유율 42%), '상업시설'이 약 42.4조 엔(25%), '임대주택'이 약 34.6조 엔(20%), '물류 시설'이 약 14.7조 엔(9%), '호텔'이 약 7.0조 엔(4%)로 추계되었다.

투자적격부동산의 자산규모(용도별)

호텔
7.0조
4%

물류 시설
14.7조
9%

상업시설
42.4조
25%

투자적격부동산
171.7조 엔

오피스
72.9조
42%

임대주택
34.7조
20%

출처 : 닛세이기초연구소 가치종합연구소

위 그래프들을 보면 현재 운영되고 있는 수익형 부동산의 용도별 구분
과 투자처로 선호되는 수익형 부동산의 용도는 대체적으로 동일하게 나타
나고 있다. 이는 투자·운영 중이거나 투자를 하고자 하는 대부분의 투자자
들에게 선호되는 수익형 부동산의 용도별 형태는 오피스—상업시설—임
대주택으로 집중되고 있다는 것이다. 투자자로서 이 책을 읽는 독자들도
이러한 경향을 바탕으로 수익 물건을 찾아볼 것을 추천 드린다.

일본 부동산
투자 전략

1 | 일본 부동산 취득

1) 한(1)동 건물에 투자하라

일본 부동산 투자를 고민하시는 분들 중에 아파트나 맨션의 구분소유 물건을 여러 채 매입하고자 하는 경우가 간혹 있다. 구분소유 1호실 만을 거주 목적으로 분양받거나 매입하고자 하는 것이라면 이는 매수인의 필요에 의한 것으로 이 책에서는 논외로 하고자 한다.

장기적인 거주 등으로 인하여 투자 이외의 다른 목적을 가지고 있다 하더라도 부동산을 매입하는 행위 자체는 자산 형성이 최우선 목표임에는 이견이 없을 것이다.

그러면 건물 한(1)동을 매입하는 것과 구분소유(상가 또는 주거용 불문) 부동산을 여러 채 매입하는 것 중 자산 형성에 유리한 투자방식은 무엇일지 고민을 하게 된다.

1동 물건과 구분소유 중 어느 쪽이 더 낫다고 단정하기는 어려운 것이 사실이긴 하나 부동산을 이용한 자산 형성이라는 관점에서 본다면 압도적으로 1동 건물의 투자가 자산 형성에 유리하다고 말할 수 있다.

어느 정도의 자산규모를 목표로 하는 투자자 입장에서 본다면 구분소유 물건은 규모가 작고 이를 여러 채 보유한다고 하더라도 관리 및 매각을 통해 투자수익을 회수하는 과정에 비용이 많이 발생하여 투자 대상으로 유리하다고 볼 수 없으며 비효율적이다.

구분소유 물건의 단점으로 타워맨션의 경우 대부분 도심부에 위치하기 때문에 수익률이 극단적으로 낮다는 점과 수선적립금이나 관리비, 고정자산세와 같은 비용이 비싸고, 소유주의 권한이 미치는 범위가 전유 공간에 한정되기 때문에 건물 전체의 운영 판단(대규모 수선, 설비 변경, 청소 등)에 대해서는 제3자(이사회 또는 관리회사)에 의존해야 한다는 점 등을 들 수 있다.

수익 물건을 활용하여 자산을 형성하고자 한다면 1동 물건이 적합하다.

2) 구축을 매입하라

신축 물건은 자신이 원하는 대로 디자인을 할 수 있고, 최신 설비나 공간 구조를 만들 수 있으며, 임차인들에게 인기가 있어 임차인 모집에 유리하다. 또한 신축 프리미엄 가격(임대료)으로 임차인 모객이 가능하며, 대출을 장기간 이용할 수 있고, 초기 수선유지비가 발생하지 않는다는 장점이 있다.

반면 부동산 취득 시 매입가격이 비싸 수익률이 낮고, 신축 후 수년 뒤 극단적인 임대료 하락을 경험할 수도 있다.

구축을 매입하는 경우 신축에 비해 고수익률이 보장되며, 기존 임차인의 임대차 계약을 승계하는 오너 체인지의 경우 구입 후 바로 임대료가 발생하고, 현재 상태에서 운영 상황을 파악하기도 수월하다.

반면 건물의 수선 및 설비의 수리, 교환 등의 비용이 발생한다는 단점이 있다.

결국 신축과 구축 중 어느 것이 좋은지는 물건 취득의 목적이 무엇이냐에 따라 달라진다. 장기간 보유하며 만족도를 생각한다면 신축 물건을 구입하는 것이 좋겠지만, 수익이나 자산 형성의 관점에서 본다면 구축 물건을 매입하는 것이 유리하다.

3) 차지권 물건을 매입하는 것도 생각해 보자

차지권이란 토지는 취득하지 않고 지주로부터 토지를 빌려 그 위에 건물을 세워 사용할 수 있는 권리로써 한국의 법정지상권과 비슷하다고 보면 된다. 다만 그 권리가 한국과 다르게 토지를 임차하고 그 토지에 건물을 소유하고 있는 토지 임차인의 권리가 상당하다.

고수익을 기대할 수 있기 때문에 대출이 가능하다면 적극적으로 노려볼만하다.

차지권 물건은 소유권 물건과 비교했을 때 좋은 입지에 위치한 물건이 많아 수익률이 20~30% 정도 높은 것이 일반적이다.

등기가 가능한 것은 건물뿐이므로 매매를 할 경우 지주의 허가를 받아 차지권 있는 물건을 취득하는 형태이다. 지주의 승낙이 필요하지만 소유권과 마찬가지로 차지권 물건으로 매매가 가능하며 아파트를 지어 임대를 할 수도 있다.

구 차지법에 의해 강력하게 보호받고 있는 차지권은 토지를 빌리는 임차인 쪽에 유리한 권리이다. 정기차지권이 아닌 이상 통상 토지 소유자 일방에 의해 갱신이 거절될 수 없기 때문에 몇 세대에 걸쳐 차지에 거주하는 사람도 많다. 소유권에 가까운 권리라고 해도 과언이 아니다. 구체적으로 소유권은 차지권借地權과 저지권底地權으로 구성되어 있는데 각각 비율이 정해져 있다.

일반적으로는 차지권 비율이 60~70%, 저지권 비율이 30~40%다. 즉, 일본에서는 빌리는 권리가 토지를 소유하고 있는 권리보다 강하다고 할 수 있다. 그래서 1992년에 지주 측의 권리를 강화한 신법 차지권인 차지차가법借地借家法이 시행되어 구법 차지권인 차지법借地法은 폐지되었다. 신법 차지권에는 보통차지권과 정기차지권이 있는데 정기차지권의 경우 기본적으로 갱신이 되지 않으며 기한이 도래하면 나대지 상태로 지주에게 반환하여야 한다.

그러나 신법 시행 전에 차지가 이루어졌던 물건의 경우에는 현재도 구법 차지권(차지법)의 적용을 받기 때문에 이 책에서 소개하는 차지권은 차지인의 권리가 강한 구법 차지권의 물건에 대한 것임을 전제로 한다.

차지 물건에는 단점이 있다. 금융기관의 대출이 어렵기 때문에 자금유동성이 불리하다. 그렇기 때문에 경쟁이 적고 가격이 저렴하여 높은 수익을 얻을 수 있다. 그렇다고 금융권 대출이 전혀 불가한 것은 아니며 일부 금융기관은 차지권 물건이라 하더라도 대출을 실행해 준다. 대출만 받을 수 있다면 차지권 물건은 자산 형성에 매우 유리한 물건임은 분명해 보인다.

4) 내용연수를 넘긴 물건도 고려하라

구축 물건은 단기간에 고액의 감가상각비를 계상할 수 있다. 감가상각 자산은 법정 내용연수에 의해 상각 기간이 정해져 있다. RC조와 목조를 비

RC조와 목조의 감가상각비의 차이

물건가격 1억 엔(건물가격 5,000만 엔) 준공 23년 경과

	RC조	목조
상각연수	28년	4년
임대료 수입	1,000만 엔	1,000만 엔
제경비	▲300만 엔	▲200만 엔
금리	▲200만 엔	▲200만 엔
연간 감가상각비	▲178만 엔	▲1,250만 엔
손익(a)	322만 엔	▲650만 엔

감가상각비용이 커짐으로 회계상 적자를 계상할 수 있어
절세효과가 높다.

	RC조	목조
세전CF(b)	200만 엔	300만 엔
소득세(c=a×50%)	161만 엔	▲325만 엔
세후CF(b-c)	39만 엔	625만 엔

※ 세율 50%로 단순 계산함

교해보면 RC조는 47년, 목조는 22년이다. 구축 물건으로 이미 내용연수를 초과한 경우에는 취득일로부터 최단 4년 내(목조의 경우)에 전액 상각이 가능하기 때문에 이 관점에서 본다면 구축의 목조 아파트가 가장 효과적으로 절세 효과를 낼 수 있다.

반면, 구축 물건을 구입하는 데 있어 단점은 금융기관으로부터 장기 융자를 받기 어렵다는 점이다. 단, 일본의 금융기관 입장에서는 물건의 문제가 아닌 차주의 속성에 따라 융자를 해주기 때문에 차주의 기본 조건이 좋다면 건축 연수에 관계 없이 장기 융자를 받을 수 있는 가능성이 높아진다. 또한 최근에는 내용연수를 초과한 아파트도 20년을 초과하는 장기 융자를 적극적으로 실행해 주는 금융기관도 증가하고 있다. 이 배경에는 버블기(1985~92년)에 대량 건축된 목조 물건이 이미 내용연수를 초과하고 있으며, 국토교통성이 정부 차원에서 구축 물건의 유통을 촉진하고 있다는 것이다. 구축 물건의 경우 건물의 노후화에 따른 수선 및 유지보수가 필수인 것도 단점이라고 할 수 있지만, 이 점은 미리 그에 따른 비용을 예상하고 수지 계획을 세운 후 투자 판단을 한다면 큰 문제가 되지는 않을 것이다.

물건의 가격은 건축연수가 아니라 어떻게 건축되어 유지·보수되고 있는가 하는 물건의 개별적 문제이다. 유지보수가 제대로 이루어지고 있다면 30년 된 목조 물건이라도 세입자를 받을 수 있다.

5) 절대 사서는 안 되는 물건

간혹 수익률이 높아 보여도 나중에 문제가 발생하여 결국 손해를 보고 매각하거나 최악의 경우 수지 계획이 무산되는 물건도 있다.

① 해결할 수 없는 결함

설비의 노후나 외벽의 변색 등은 차후에 얼마든지 복구할 수 있다. 비용이 발생하더라도 그 비용을 감안하여 수익률을 계산해 둔다면 수익 물건을 운용하는 데 있어 치명적인 문제는 되지 않는다. 오히려 결점을 수선함으로써 가치를 증대시킬 수 있다.

그러나 물건의 입지, 건물의 치명적 결함 또는 하자 등은 개선의 여지가 없다. 이런 '해결할 수 없는 결함'이 수익 물건의 운용에 장벽이 된다면 아무리 표면적으로 수익률이 높아도 매수해서는 안 된다. 동일본 지진 때 쓰나미로 인해 많은 가옥들이 훼손된 적이 있다. 그 정도의 대규모 재해는 흔히 일어나는 일은 아니지만, 최근 게릴라성 호우 등 도시형 재해가 다발적으로 일어나고 있다. 헤저드맵ハザードマップ 등을 확인해서 침수 이력이 있는 지역 등은 피하도록 하는 것이 현명하다.

또한 한 번 본 정도로는 알 수 없는 주변 환경도 본인의 노력으로는 바꿀 수 없는 영역이다. 만약 주변에 혐오시설이 있거나 반사회적 세력의 사무소가 있을 수도 있다. 특히 일본은 부동산매매계약이 아니더라도 대부분 계약서의 내용에 반사회적 세력의 불가 조항을 명기하는 경우가 많다.

② 입지

입지는 부동산에 있어 가장 중요한 요소이다. 수익 물건에 있어서도 마찬가지이다. 그리고 수익 물건을 운용하는 데 있어 최대 리스크는 공실이다. 안타깝게도 일본은 인구감소사회로 도시 간의 격차가 크고 사람이 살지 않는(또는 살지 않게 된) 지역도 속출하고 있다. 아무도 입주를 하지 않는다면 예상 수익률이 높다고 해도 이는 매수 리스트에서 지워야 할 매물이다.

우선 애초에 인구가 적거나 대폭 감소한 지역의 물건을 취득하는 것은 매우 리스크가 크다. 앞으로의 일본은 인구가 늘어나는 지역과 줄어드는 지역이 극명하게 나뉘게 된다. 도쿄東京—나고야名古屋—오사카大阪의 3대 도시권 및 정령지정도시政令指定都市[2]를 중심으로 한 지역은 인구증가 또는 유지가 되겠지만 그 외의 지역은 인구가 감소할 것이다.

일본의 정령지정도시政令指定都市	
홋카이도北海道 지방	삿포로시札幌市
도호쿠東北 지방	센다이시仙台市
간토關東 지방	가와사키시川崎市, 사가미하라시相模原市, 사이타마시さいたま市, 요코하마시横浜市, 지바시千葉市
주부中部 지방	나고야시名古屋市, 니가타시新潟市, 시즈오카시静岡市, 하마마쓰시浜松市
긴키近畿 지방	고베시神戸市, 교토시京都市, 사카이시堺市, 오사카시大阪市
주고쿠中國 지방	오카야마시岡山市, 히로시마시広島市
규수九州 지방	기타큐수시北九州市, 후쿠오카시福岡市, 구마모토시熊本市

다음으로 물건 위주의 입지이다. 그 지역의 어디에 위치하는가 하는 점이다. 도시 자체의 인구가 줄어드는 지역이라 하더라도 세부적으로 보면 좋은 위치와 나쁜 위치의 차이가 있다.

---

2 정령지정도시政令指定都市는 일본 지방자치법 제12장 제1절 제252조의19 제1항에 따라 내각의 정령政令으로 지정된 일본의 시이다. 2018년 4월 기준으로 일본의 정령지정도시는 20개 시市이다.

부동산은 개별성이 매우 강하다. 도로 하나를 사이에 두고도 가격이 달라질 수 있으며, 인접 토지라도 도로를 접했다는 이유로 가격이 달라진다. 그 지역 내에서 해당 물건이 어떤 장소에 위치하는가의 관점이 중요하다.

지방 물건 중에는 드물게 수익률이 매우 높고 안정적으로 운영되고 있는 물건이 있다. 예를 들면 기업이 기숙사용으로 장기 이용하고 있는 경우 등이다. 그러나 반대로 생각하면 그 기업과 임대차 계약이 해제된다면 전체 공실이 될 뿐만 아니라 임대료도 현재 시세보다 하락할 가능성도 존재한다. 이러한 물건을 매각 이유도 모른 채 매입을 하는 것은 위험하다. 기업의 철수 또는 도시계획 등의 사정을 미리 알고 발 빠르게 손을 떼는 것일 수도 있다.

최근 저출산으로 인해 학생 수 감소 및 도심 회귀 현상으로 지방에 있는 도쿄의 대학 신설 학부가 도쿄도 내의 본부 캠퍼스로 이전하는 케이스도 늘고 있다. 학생을 타깃으로 한 아파트는 대학이 없어지면 아무리 임대료가 싸다고 해도 임차인을 구할 수 없다. 부동산은 토지에 고착되어 있기 때문에 그 지역의 정세에 따라 경영에 크게 영향을 받는다. 최대한의 정보망을 활용하여 하나의 기업이나 시설, 학교에 의존하고 있는 장소는 주의를 기울이도록 해야 한다. 그런 점에서 애초에 어느 정도 인구가 있고 유동성이 높은 지역의 물건을 구입하는 것이 바람직하다.

③ 위법 건축물과 기존 부적격 물건

위법 건축이란 건축기준법에 위반되거나 미등기 증개축이 있는 물건을 말한다. 건폐율이나 용적률을 초과한 대부분의 물건이 건축 후에 위법하게 증축된 물건인데 이는 신축 당시 준공검사를 받은 후 준공 도면과 달리 건물의 일부를 증축하는 경우이다. 또한 준공도 받지 않고 모든 법령을 위반하여 건물을 신축하는 사례도 일부 있다.

확인필증[3]은 거의 모든 물건에 있는 것으로 만일 없는 물건은 원칙적으로 매수하지 않는 것이 좋다. 검사필증[4]은 일반적인 거래 중 80~90%는 없는 경우가 있기에 이 서류는 없어도 무방하다.

위법 건축 물건의 경우 기본적으로 은행 융자가 어렵기 때문에 일반 금융기관을 이용하지 않는 고금리의 융자를 받거나 자기자본으로 구입해야 한다. 표면적으로는 수익률이 높아 보여도 고금리로 융자를 받게 되면 수중에 남는 현금은 줄어들 것이고, 현금화를 할 경우 수익 물건으로서의 지위를 잃게 된다. 무엇보다 매각 시에 매수자가 나타나지 않는 등 유동성에 문제가 발생하기 때문에 이러한 물건은 매입하지 않는 게 좋다.

또한 같은 용적률 또는 건폐율 초과 물건이라도 건축 당시에는 적법했던 것이 그 후 법률의 변경으로 법령 부적합이 되어 버린 '기존부적격' 물건이 있다. 이 경우에는 위법 건축에 해당하지는 않는다. 개별 사정에 따라 다르겠지만 이런 경우는 대부분 금융기관 융자가 가능하다.

④ 사고 발생 물건

최근 들어 물건의 '역사'도 '해결할 수 없는 사항'에 추가되고 있다. 물건 자체의 역사도 매우 중요하고 그런 이력 때문에 매입해서는 안 되는 케이스도 있다.

---

3 확인필증이란, 건축물이 공사에 착수하기 전에 그 계획이 건축기준법에 적합한지 심사하여 내용이 확인된 경우에 발행하는 것.
4 검사필증이란, 공사 도중의 중간검사나 공사 완료 시의 완료 검사에서 그 건물이 건축기준법에 적합한지를 확인하고 합격한 경우에 발행하는 것.

일본은 임대 물건에서 살인사건이나 화재, 자살, 고독사 등의 사고가 있는 경우 입주자에게 고지를 해야 할 의무가 있다. 입주자뿐만 아니라 물건을 매각하는 경우에도 고지를 해야 한다. 특히 살인사건 이력은 치명적인데 이와 같은 사건이 발생한 물건은 절반 가격으로 거래되는 경우가 있다. 만일 이런 사정을 모르고 매입한다면 낭패를 보게 되기에 주의하여야 한다.

6) 지방 물건

수익 물건을 운용하려면 기본적으로 수도권首都圈, 관서권関西圈, 중경권中京圈의 3대 도시, 지방인 경우 인구 100만인 이상의 대도시권에 한정하는 것이 좋다. 수익 물건은 임대 및 매매 수요가 없으면 운용할 수가 없다. 사람에게 빌려주고 수익(차임)을 확보하고 언젠가는 매각을 통해 수익을 확정해야 한다. 즉, 임대와 매매 모두 어느 정도 유동성이 있는 지역이 아니면 사업이 성립하지 않는 것이다. 유동성은 도시일수록 높고 지방일수록 낮다. 일본은 현재 저출산 고령화가 심화되며 인구 감소 추세에 있다. 그로 인해 전국적으로 빈집이 증가하고 임대 물건의 공실률도 높아지고 있다.

그렇다고 전국이 일률적으로 인구가 줄어들고 있는 것은 아니기 때문에 인구가 유입되는 일부 지역과 반대로 인구가 감소하고 있는 지역으로 양극화하고 있다. 인구가 증가하고 있는 지역은 기본적으로 도쿄와 수도권, 관서 지방은 오사카大阪, 큐슈九州에서는 후쿠오카福岡와 같은 대도시권뿐이다. 인구가 많은 곳은 직장이 생기고 그 직장을 찾아 인구가 유입된다. 그리고 주변 지역은 인구 유출에 의한 과소화와 고령화가 가속되고, 지역 인프

라를 유지하기 위한 비용 문제로 인해 지역의 중심부에 기능이 집약된 콤팩트한 도시로 바뀔 것이다. 즉, 중심부 이외 지역은 사람이 살지 않는 지역으로 바뀌게 될 것이다. 단순하게 수익률의 높고 낮음의 관점이 아니라 유동성의 관점에서 수익 물건을 운용하는 것이 매우 중요하다.

부동산 붐이 일면서 도심부에서는 고수익 물건을 취득하는 것이 쉽지 않아졌다. 이런 이유로 지방 물건에 눈을 돌리는 고객도 많은 것이 사실이다. 앞에서 언급한 것처럼 지방 물건을 취득하는 데 있어 원칙적으로 인구 100만 이상의 대도시권에 한정해야 한다.

한국에 거주하면서 일본 그것도 지방의 물건을 취득하여 스스로 물건을 운영한다는 것은 현실적으로 쉬운 일이 아니다. 결국 운영은 관리회사에 맡기게 된다. 지방 물건을 취득할 때에는 취득과 함께 관리회사를 제대로 선택하는 것이 중요하다. 즉, 적절한 관리회사를 찾을 수 없다면 물건 취득은 포기하는 것이 좋다. 특히 소규모 지방 도시에서는 관리회사 자체가 적기 때문에 더욱더 신중해야 한다. 실제로 입주자를 결정하는 것은 관리회사이기 때문에 관리 능력이 높은 회사가 아니면 아무리 좋은 물건이라도 공실을 채울 수 없다. 그런 의미에서 지방 도시에 투자하는 것은 신뢰할 수 있는 관리회사 선정 여부에 따라 물건 선정의 성공도 가름 된다고 할 수 있다.

2 | 일본 부동산 대출

1) 얼마나 대출이 가능한가

한국이든 일본이든 부동산을 매입하고자 할 때 금융 레버리지를 활용하고자 한다면 이 물건으로 얼마만큼의 대출이 실행되고 자기자본은 얼마가 필요한지가 궁금해지기 마련이다.

결론적으로 말한다면 개인의 신용 및 국내 보유자산에 따라 차이가 발생한다고 할 수 있다.

운영상 경험에 의하면 대출의 범위는 일본 부동산 자산 가치의 50~70% 정도의 대출이 가능하며, 이는 매입하고자 하는 일본 부동산의 가치와 매수자의 국내 보유 부동산 및 국내 자산의 정도에 따라 차이가 발생한다. 일본 내 은행에서 탁상감정이 진행되고 실제로 대출 심사 단계에서 한국 내에 보유하고 있는 매수자의 자산 및 연간 수입 등에 대한 자료를 요청하는데 이때 빠짐없이 본인의 한국 내 자산 및 연수입 자료를 모두 제출하는 것이 좋다.

수익 물건을 운용하는 데 있어 자금 조달(차입 등)이 안 되면 투자를 시작도 할 수 없다. 어느 금융기관에서 총액 얼마까지 빌릴 수 있는지 계획을 세운 후 역산하여 매입 가능한 물건을 찾는 것이 더 효율적인 방법이다. 금융기관에서 빌릴 수 있는 한도액에 따라 매입할 수 있는 물건의 규모가 결정되기 때문이다.

물건 찾기에만 몰두하다가 막상 맘에 드는 물건을 발견하고도 결정을 하지 못하고 있다가 부랴부랴 금융기관에 의뢰하는 경우도 있는데 좋은 물건일수록 경쟁자가 있기에 이런 경우 물건을 놓치는 안타까운 상황도 가끔 발생한다. 그렇기 때문에 해당 물건에 대한 융자 가능 여부를 수시로 체크 해 가면서 물건을 고를 것을 추천한다.

물론 한국에 있는 매수인으로서는 일본 금융기관과 직접 소통하기도 어려울 뿐만 아니라 외국인 비거주자를 대상으로 대출을 해주는 일본 내 은행이 한정적이고 이에 반해 문의 고객이 많은 것이 현실이다 보니 은행 입장에서는 개인 고객의 문의는 응대하지 않거나 아예 은행 대출 담당자가 개인 투자자를 만나주지 않는 경향도 있다. 이런 경우 부동산회사를 통해 매수하고자 하는 물건에 대한 탁상감정을 의뢰하여 대략적인 대출 가능 범위를 확인할 수 있다면 자금 조달 및 운영관리 계획에 큰 도움이 된다.

금융기관은 융자를 실행할 때 융자를 받는 당사자와 물건에 대해 심사한다. 그러나 일본의 경우 아직 물건에 대해 돈을 빌려준다기보다 개인의 자산 가치 및 신용을 보고 대출을 실행해 주는 경향이 있다. 당연히 물건에 대한 심사도 이루어지지만 개인의 신용 및 자산 보유 상태가 좋지 않은 경우 매수하고자 하는 물건의 평가가 높다고 해도 원하는 만큼의 대출실행이 어려운 경우가 있다.

2) 융자 기간은 몇 년 이상으로 하는 것이 좋은가

수익 물건을 운용하는 데 있어 자금 조달은 캐시플로우가 돌아가는지를 기준으로 판단해야 한다. 수익 물건의 운용이란 회사를 경영하는 것과 같아 어떻게 하면 도산을 막을 수 있을까 하는 관점이 중요하다. 그러기 위해서는 자금을 조달할 때 세 가지 포인트를 염두에 두어야 한다. 금리, 대출 기간, 대출 비율(금액)이다.

결론적으로 저금리로 장기간, 그리고 최대한 자기자본이 들어가지 않도록 하는 것이 좋다.

금리가 3%보다는 1%가 좋다는 것은 누구나 알고 있다. 그러나 대출 기간을 길게 하는 것과 대출 비율을 높이는 것은 금리를 낮추는 것보다 더 중요할 수 있다. 왜냐하면 매월 지불하는 원금과 금리의 합계가 커지기 때문이다. 경우에 따라서는 손익계산서상으로는 수익이 생겼는데 캐시플로우는 돌아가지 않아 '도산'이라는 사태에 직면할 수도 있다.

물건의 수익률에 따라 다를 수 있지만, 대출 기간은 적어도 10년, 가능하다면 20년 이상을 확보하는 것이 좋다. 극단적으로 말하면 다소 금리가 높더라도 기간을 길게 하는 것이 나을 수 있다. 그만큼 '기간의 이익'을 얻는다는 것은 중요하다.

다음으로 대출 비율이다. 물건 취득에 필요한 총액 중 얼마를 빌릴 수 있는지를 말한다. 자기자본을 많이 투입하면 (즉, 대출 비율이 낮으면) 캐시플로우는 플러스가 커지게 된다. 그러나 이는 수익 물건을 운용하는 데 의미가 없어진다. 수익 물건의 운용에 있어 장점 중에 하나가 자기자본을 이용하지 않고 운용할 수 있다는 것이다. 자기자본을 많이 투입해야만 캐시플로우가 돌아가는 물건이라면 이는 투자가치가 떨어지는 물건이라고 보아야 한다.

금융기관을 통한 자금 조달과 그 조건 등의 유리함이 현재 우리가 일본 부동산에 투자하여 얻을 수 있는 큰 장점 중에 하나라 할 수 있다.

3) 연대보증인은 반드시 필요한가

개인인 경우 기본적으로 필요하다. 단, 단체신용생명보험에 가입하면 필요로 하지 않는 경우도 있다. 법인은 연대보증이 없어도 가능할 수 있다.

개인이 융자를 받는 경우, 기본적으로 금융기관은 법정 상속인의 연대보증을 요구한다. 구체적으로는 배우자의 연대보증을 요구하는 경우가 많다. 하지만 최근 연대보증이라는 제도에 대해 비난의 목소리가 높아지면서 단체신용생명보험에 가입함으로써 보증을 면제받는 케이스도 생겼다. 원칙적으로는 필요하지만 금융기관마다 대응 방법이 각기 다르다고 할 수 있다. 만일의 경우 사망 시 상속인이 필요하기 때문에 보증인을 요구하는 것이다. 연대보증인이 되면 기본적으로는 채무자와 동등한 책임을 지는 것이기 때문에 그 책임의 무게가 크다.

  이 책을 읽는 한국의 독자들은 대출실행을 하는 경우 법인설립 후 부동산 취득을 하게 되므로 법인 명의의 대출이 이루어진다. 이 경우 제삼자의 연대보증은 필요 없다. 다만 한국에서도 마찬가지지만 법인의 대표이사가 연대보증 서명을 하는 방식은 일본도 동일하다.

1) 감가상각

    감가상각이란, 부동산과 같이 상각 자산에 필요한 구입비 등을 국세청이 정한 내용연수에 따라 수년에 걸쳐 비용을 계상하는 구조를 말한다. 포인트는 자금 유출 없이 경비를 계상할 수 있다는 점이다. 감가상각 제도를 잘 활용하면 회계상 거액의 비용을 계상할 수가 있다.

    예를 들어, 연간 소득 2,000만 엔의 경영자가 23년 된 목조 물건을 매입가격 1억 엔(토지 5,000만 엔, 건물 5,000만 엔, 금리 2%) 전액을 융자로 취득하였다고 하자. 연간 임대 수입은 1,000만 엔, 경비가 200만 엔, 원리금 상환이 500만 엔이라면 세전 캐시플로우는 연간 300만 엔의 수익이 발생한다.

    300만 엔의 이익이 발생하면 과세 대상이지만 여기에서 포인트는 감가상각에 있다. 5,000만 엔의 건물을 4년간 감가상각하면 1년에 상각 금액은 1,250만 엔이 된다. 물론 토지는 감가상각의 대상이 되지 않는다. 원리금 상환 중 원금은 경비로 계산되지 않기 때문에 임대료 수입 1,000만 엔에서 금리 200만 엔(1억 엔×0.02), 경비 200만 엔, 상각 금액 1,250만 엔을 빼면 회계상 650만 엔의 적자가 발생한다.

실제 캐시플로우는 흑자여도 장부상에는 적자가 되는 것이다. 이것이 포인트이다. 내 지갑에는 현금이 있지만 장부상으로는 적자인 상황이 만들어지는 것이다.

단, 감가상각의 구조를 활용한 절세는 엄밀히 말하면 세금액을 줄이는 것이 아니라 다음 연도 이후로 순연하는 것에 지나지 않는다. 순연한 세금은 매각 시 양도차익에 과세 된다. 그러나 물건의 매각에 대한 전략을 잘 마련해 둔다면 최종적으로 순연해 둔 세금을 압축할 수 있다. 이처럼 수익 물건을 운용함에 있어 취득에서 매각까지 일련의 모든 활동은 수익을 고려하여 계획적으로 운용하는 것이 중요하다.

2) 법인의 경영 안정화

이해하기 쉽도록 먼저 물건을 매각할 때 부과되는 과세부터 설명해 보자. 물건을 매각하는 경우, 매각금액에서 장부가격을 공제하고 매각에 필요한 경비를 공제한 수익에 대해 과세가 된다.

매각금액 − 장부가격 − 매각에 필요한 경비 = 수익 ← 과세

장부가액이란, 취득가격에서 매년 건물과 설비 부분을 감가상각한 후 남은 금액이다. 매각에 필요한 비용이란, 중개수수료 및 매매계약서에 첨부하는 인지대 등이 포함된다.

즉, 감가상각이 끝난 총액 1억 엔(건물가격 5,000만 엔)의 물건이 1억 엔에 팔린 경우, 단순하게 『매각금액 1억 엔 - 구입 금액 1억 엔 = 0』으로 계산해서 수익이 0이 되는 것이 아니라 소유하고 있는 동안 감가상각된 건물분(5,000만 엔)이 장부가액에서 빠지게 되므로 『매각금액 1억 엔 - 장부가액 5,000만 엔 = 5,000만 엔』이고 여기에서 매각에 필요한 경비를 제한 금액에 과세하는 것이다.

즉, 감가상각으로 인해 수년간 과세 되지 않은 수익에 대한 과세가 이때 이루어지는 것이다. 중요한 것은 과세액을 일시적으로 줄여 순연함으로써 얻는 효과와 출구전략을 고려하는 것이다. 최종적으로 납부하게 될 세액은 동일하지만 감가상각으로 납세를 순연함으로써 수중에 당장 이용 가능한 자금을 확보할 수 있다는 것이 다른 점이다.

경영이라는 관점에서 보면 그 자금을 운용할 수 있다는 메리트가 생긴 것이다. 오늘의 1,000만 엔과 5년 뒤의 1,000만 엔은 가치가 다르다. 수중에 1,000만 엔이 있다면 다른 투자 상품에 투자할 수도 있고, 본업의 확장 자금으로 충당할 수도 있기 때문이다.

실제 수익 물건을 운용할 때 캐시플로우를 얻으면서 감가상각으로 과세를 순연해 두고 세금 소득을 적자인 해에 상쇄하거나 감가상각이 끝난 타이밍에 다른 물건을 추가 매입하여 과세를 순연하는 대책도 가능하다.

수익 물건을 운영함에 있어 가장 좋은 점은 매각 시기를 내 마음대로 정할 수 있다는 것이다.

예를 들어 법인의 경우 감가상각을 이용하여 4년간 3,000만 엔씩 수익을 압축하여 세금 1,200만 엔을 순연하였다고 하자. 그리고 5년 후 본업에서 1억2,000만 엔의 적자가 발생하고 그 해에 그 물건을 매각할 수 있다면 결국 4,800만 엔의 절세가 가능한 것이다.

세금의 순연에 의한 세금관리

1년째	2년째	3년째	4년째	5년째
본업 적자	본업 적자	본업 적자	본업 적자	물건 매각수익 1억2,000만 엔
▼	▼	▼	▼	▼
감가상각 3,000만 엔	감가상각 3,000만 엔	감가상각 3,000만 엔	감가상각 3,000만 엔	본업 적자 1억2,000만 엔
▼	▼	▼	▼	▼
1,200만 엔 절세	1,200만 엔 절세	1,200만 엔 절세	1,200만 엔 절세	물건의 매각수익을 본업의 적자와 상쇄

4,800만엔의 절세효과 (법인세 40%인 경우)

이처럼 수익 물건의 감가상각을 활용하면 세금을 관리하여 회사경영의 안정도를 높일 수 있다. 수익 물건의 경우 취득에서 매각까지 일련의 과정을 본인 스스로 전략을 세울 수 있다.

3) 필요경비

소득세 또는 법인세의 납세액은 소득액에 의해 결정된다. 소득액은 수입에서 모든 경비를 뺀 나머지이기 때문에 당연히 경비화할 수 있는 것이 많을수록 소득을 줄일 수 있어 납세액도 줄일 수 있다. 이는 법인도 개인도 마찬가지이다.

수입 - 필요경비 = 소득

필요경비에 해당하는 지출은 수익 물건에서 임대료 등을 얻기 위해 지출된 비용이다. 지출 중에도 필요경비에 해당하는 것과 그렇지 않은 것이 있다.

단순하게 설명하면 경비에 해당하는 지출은 '순수하게 수익 물건의 운용에 지불된 지출'이고, 해당하지 않는 지출은 사적인 활동에 수반되는 지출이라고 판단되는 것이다. 다음은 경비로 인정받은 것과 그렇지 않은 것을 정리해 보자.

① 필요경비 인정항목

세금 : 수익 부동산의 취득이나 사업과 관련된 세금은 필요경비에 해당
       - 인지세, 등록면허세, 부동산취득세, 고정자산세, 도시계획세, 개
         인사업세, 이자세, 법인사업세, 법인자동차세 등
대출 : 이자 납입 부분만 경비에 해당
광고비 : 입주자 모집에 지급된 비용

기타 : 중개수수료, 광고비, 관리비, 엘리베이터 보수비용, 소방점검 비용 등

　　－세입자에게 필요한 가구나 가전, 상품권 등의 선물(교제비), 신문, 부동산 관련 서적, 부동산 세미나 참가비(연수비), 컨설턴트비, 여행비/교통비(전철비, 버스비, 주유비, 숙박비, 고속도로비, 주차비 등), 소유 물건의 확인이나 신규 구입으로 현지 확인 등에 필요한 이동비, 세미나에 참석하기 위한 이동비 등

여행비 : 종업원 50% 이상 참가하는 위로 여행(복리후생비)

자동차 관련 비용 : 주유비, 자동차세, 보험료 등의 법정 비용, 차량 대금 (법인차량인 경우)

교제비 : 관리회사의 담당자, 부동산 담당자, 종업원 등

② 필요경비 불인정 항목

소득세, 주민세, 법인세, 법인주민세, 연체세, 가산세

대출원금 원본 상환 부분

자격취득을 위한 세미나 참가비용 등

교통위반 벌칙금

개인이나 가족, 지인과의 교제비

③ 법인의 경비인정 교제비

법인의 교제비는 회사의 자본 금액에 따라 다음과 같이 결정된다.

자본금 1억 엔 초과 : 접대교제비 중 음식비(접대음식비)의 50%를 경비 계상 가능

자본금 1억 엔 이하(다음의 둘 중 선택)

1. 접대교제비의 상한을 800만 엔으로 하여 경비 계상 가능

2. 접대교제비 중 음식비(접대음식비)의 50%를 경비로 계상 가능

4 | 일본 부동산 매도

1) 수익 물건의 보유 기간

① 개인은 5년 초과 장기 양도가 최적

거래 주체가 개인인 경우 수익 물건의 보유 기간에 따라 매각 차익에 대한 세율이 다르다. 단기로 매각하는 경우 약 40%이지만 5년을 초과하는 경우 약 20%이다. 세율이 거의 절반이 되기 때문에 개인 소유인 경우에는 장기 양도 시기에 매각을 하는 것이 절세에 효율적이다.

물론 그 시기의 시세 상황도 고려해야 하겠지만 시세가 일정하다는 전제라면 장기 양도 시점에 매각하는 것이 가장 효율적이다.

개인의 양도소득은 분리과세이지만 같은 해에 매각한 다른 부동산 물건에 손실이 있는 경우 그 손실 금액을 다른 물건의 양도차익 금액에서 공제할 수 있다. 즉, 개인이 복수의 물건을 소유하고 있는 경우 매각하여 이익이 발생하는 물건과 손실이 나는 물건을 같은 해에 매각함으로써 양도차익에서 손실분을 공제할 수 있기 때문에 보다 효과적인 절세가 가능하다.

② 법인의 매각 시점

법인이 수익 물건을 소유하고 있는 경우에는 소유 목적별로 출구전략이 달라진다. 법인의 경우에는 개인과 달리 매각 차익도 종합과세 되기 때문에 본업이나 다른 물건과의 밸런스를 고려하여 매각해야 한다. 먼저 절세를 중시하는 경우 법정 내용연수를 초과한 목조 아파트라면 4년을 초과하여 감가상각의 메리트가 줄어든 물건부터 매각한 후 새로운 물건을 구입하는 방법을 생각해 볼 수 있다. 이렇게 하면 감가상각의 절세효과를 중단없이 계속 유지할 수 있으며 이론상으로는 과세의 순연을 계속해서 이행할 수가 있는 것이다. 물론 매각한 물건에는 매각 차익이 발생하기 때문에 적자와 상쇄할 수 있는 시점이 최적의 타이밍이라 할 수 있다.

그리고 법인이 복수의 물건을 소유하고 있는 경우 같은 연도에 대규모 수선으로 적자가 예상되는 A 물건의 수선 시기에 맞춰 매각 차익이 예상되는 B 물건을 팔아 결과적으로 손익을 상쇄할 수 있는 구조를 만드는 것도 하나의 방법이다.

2) 매각을 위한 관리 운영

수익 물건을 운용한다는 것은 물건의 취득, 관리 운영, 매각(출구전략)이라는 일련의 과정이다. 그 목적은 수익의 최대화이다. 관리 운영은 수익을 최대화하기 위한 수단일 뿐이다. 그렇기 때문에 어떻게 관리해야 비싸게 팔 수 있을까 혹은 어떻게 하면 비용을 들이지 않고 팔리기 쉬운 물건으로 만들 수 있을까 하는 관점은 필수다.

수익 물건을 운용할 때 수익은 (매각금액 - 취득금액) + (수입 - 지출)이다. 이를 전체적으로 생각하지 않으면 수익을 최대화할 수 없다. 물건의 취득과 관리 운영도 모두 그 목적에 따라 움직여야 한다. 관리에 있어서도 매각을 의식하느냐 그렇지 않느냐에 따라 결과가 크게 달라진다.

비싸게 팔기 위해 관리 운영 시 반드시 해야 할 일

만실 : 수익 물건의 매각은 크게 수익 물건 그대로 파는 것과 멸실 후 나대지로 파는 것으로 나눌 수 있다. 그러나 일반적으로는 수익 물건을 있는 그대로 파는 경우가 유리하다.

수익 물건을 매각하는 경우 높은 입주율과 임대료가 중요하다. 먼저 입주율의 경우 공실이 많은 경우 매각이 쉽지 않으며 판다고 하더라도 가격이 내려가기 쉽다. 가장 좋은 것은 만실 상태이다. 만실 상태라면 다소 수익률이 낮아도 무방하다고 생각하는 것이 사람들의 심리이다.

임대료를 비싸게 책정하는 데에는 이유가 명확하다. 수익 물건으로 매각하려면 가격의 근거로써 입주하고 있는 임대료 수입이 증명되어야 하기 때문에 비싼 임대료에 입주자가 거주하고 있는 것이 중요하다. 임대료를 1만 엔 인상한다는 것은 수익률 10%로 매각할 경우 120만 엔 비싸게 팔 수 있다는 의미이다. 고작 1만 엔이 아니라 120만 엔이 된다는 인식이 필요하다.

건물수선 : 수선을 예로 들어 보겠다. 단순히 수선하는 것이 아니라 전략적 수선이 필요하다. 결국 비싸게 팔기 위해서는 어떻게 수선을 하는 것이 효과적일까 하는 관점이다. 300만 엔 들여 리폼을 했는데 매각 가격이 200만 엔 상승했다면 이 리폼은 수익을 창출하지 못한 것이 된다. 수익을 최대화하기 위한 공사에 초점을 맞추는 것이 중요하다. 매각 가격을 300만 엔 상승시키기 위한 수선이라도 방법은 다를 수 있다. 예를 들어 출입구나 익스테리어 등 외관을 좋게 하는 공사라면 50만~100만 엔 정도의 공사비로 원하는 효과를 얻을 수도 있다.

소액의 공사라면 수선비로 계상하여 즉시 상각할 수 있기 때문에 절세 면에서도 유리하다. 반면 실내 리폼의 경우 다소 비용이 들더라고 좋은 것을 사용함으로써 임대료를 인상할 수 있으며 이로 인해 전체 수익률은 물론 매각 가격도 올릴 수 있다. 이 경우 들어간 비용과 임대료 인상을 통해 역산한 매각 가격의 상승분을 비교하여 리폼에 대한 판단을 할 수 있다.

3) 차익을 극대화하기 위한 매도 방법

수익 물건의 운용에 있어 중요한 것은 장부(회계)상의 수익보다 최종적으로 내 수중에 얼마의 현금이 남는가 하는 것이다. 무사히 매각이 완료되었다면 마지막으로 문제가 되는 것이 매각 시 부과되는 세금이다. 애써 최고가액으로 매각했어도 세금이 예상보다 많이 나와 결국 수중에 남는 돈이 적다면 아무 의미가 없다. 수익 물건을 운용하여 최종 수익을 최대화하기 위해서는 세금에 대한 이해는 필수다.

과세 세율은 거래 주체(법인 또는 개인) 및 보유 기간에 따라 달라진다.

① 종합과세와 분리과세

법인의 경우 : 일본의 세법은 거래의 주체가 법인인 경우 다른 소득과 합산하여 종합과세가 되며, 개인인 경우에는 다른 소득과 분리하여 매기는 분리과세 방식을 적용한다. 법인이 거래를 하는 경우에는 물건의 매각 차익 또는 손실은 그 법인의 다른 소득 또는 손실과 합산되기 때문에 물건의 매각으로 이익이 발생하였다면 본업의 손실과 합산이 가능하다. 반대로 물건 매각으로 손실이 발생했다면 본업의 이익과 상쇄하여 이익을 압축할 수 있다.

개인의 경우 : 거래 주체가 개인인 경우에는 분리과세를 적용하며 보유 기간에 따라 세율이 달라진다. 5년을 초과하여 보유하면 장기 양도에 해당하여 세율이 약 20%이지만, 5년 이내라면 단기 양도에 해당하여 세율이 약 40%로 거의 배에 달한다. 부동산 매각에 부과되는 세금은 다른 소득과는 별개로 취급되기 때문에 연간 수입과 무관하게 수익 물건의 매각 차익 5,000만 엔에 부과되는 세금은 동일하게 1,000만 엔(장기양도인 경우)이 된다. 이는 주식의 배당이나 이자소득과 동일한 방식이다.

② 부동산 전문 세무사

부동산에 관한 재무는 복잡하기 때문에 개인과 법인의 세율 차이나 감가상각비 등에 대한 이해를 통해 자신에게 제일 나은 방법을 선택해야 한다. 부동산은 어떤 의미에서 특수한 분야이기 때문에 세무사 중에서도 익숙한 사람이 있는가 하면 그렇지 못한 사람도 있다. 그렇기 때문에 부동산에 정통한 세무사의 협력이 중요하다.

부동산은 금액이 크기도 하지만 무엇보다 중요한 것은 초기 설정(감가상각과 연관 있는 건물가격 및 설비가격 등)이 잘못되면 돌이킬 수 없기 때문이다. 다소 비용이 발생하더라도 충분히 회수 가능하니 전문 세무사와 고문 계약을 맺어 수익 물건을 운용하는 데 있어 세무적인 면에서는 조력을 받는 것이 좋다.

4) 매각하지 않고 장기 보유하는 경우

수익 물건을 운용하면서 수익을 최대화할 수 있는 운용 모델은 가능한 단기간에 감가상각과 동시에 임대수익도 얻으며 감가상각이 끝나면 최종적으로 매각을 통해 매각 차익을 얻는 것이다. 추가로 절세효과를 최대화할 수 있는 장기 양도가 가능한 타이밍에 매각하는 것이다. 그러나 물건을 팔고 나면 수입이 없어지게 된다. 동일한 조건의 물건을 매각하는 타이밍에 살 수 있다는 보장도 없다. 이때 수익 물건을 장기간 계속해서 보유하는 선택지도 있다. 매월 임대료 수입을 얻는다는 것은 수익 물건을 운용하는 최대의 장점이다. 무엇보다도 안정적 수입이 들어오기 때문이다.

일반적으로 수익 물건을 운용하는 데 있어 가장 큰 장점은 굳이 어느 시점에 반드시 팔아야 한다는 제약이 없다는 것이다. 즉, 캐시플로우가 돌아가고 특별히 팔아야 할 이유가 없다면 장기 보유하여 임대수익을 얻는 것도 운용 방법 중 하나이다.

한편 시장에는 출구전략이 필요한 사람도 있다. 펀드나 전매를 목적으로 단기 자금을 조달하는 부동산회사들이 이에 해당된다. 투자가로부터 자금을 조달받아 일정 기간 내에 원금을 상환(이익 확정)하는 펀드의 경우, 5년 후에 위탁받은 원금을 상환하기 위해서는 환금화 즉, 물건을 매각해야 한다. 이러한 펀드를 운용하는 경우에는 5년간 파이낸스로 자금을 가져오기 때문에(5년 후 변제한다는 조건으로 차입한 경우) 5년 후에는 매각을 해야 한다.

그러나 이 책을 읽는 독자의 경우에는 기본적으로 10~20년의 장기 융자를 받기 때문에 서둘러 상환할 이유는 없을 것이다. 보유 기간 중에 비싸게 팔 수 있는 상황이 되었을 때 매각이라는 선택을 할 수도 있고, 본업의 실적이 떨어지거나 다른 수익 물건을 수선하는 타이밍에 양도차익을 상쇄할 목적으로 매각을 선택할 수도 있다.

물건을 추가 매입하여 임대 수입을 늘린다

감가상각이 끝난 물건을 장기 보유하면서 물건을 추가로 매입하여 과세의 순연을 연장할 수도 있다. 즉, 목조 물건인 경우 취득으로부터 4년 경과 후 감가상각이 끝난 시점에 단기 상각이 가능한 목조 물건을 추가 취득하는 것이다.

추가 취득한 타이밍에는 첫 번째 물건이 수익을 내고 있는 상황이기 때문에 추가 취득 분의 비용은 그 수익과 상쇄할 수 있어 적자 폭은 첫 번째 물건만큼은 아닐지라도 수익을 내지 않거나 줄일 수 있다.

예를 들어 첫 번째 물건의 감가상각이 끝난 5년째 이후 수익이 600만 엔이 발생한다고 하자. 이 타이밍에 같은 규모의 물건을 취득함으로써 수익을 50만 엔 적자로 대폭 압축할 수 있다. 이것이 추가 취득에 의한 수익의 순연이다.

조금 더 규모가 큰 물건을 취득한다면 이 수익은 더 많이 줄일 수 있다.

두 번째 물건의 감가상각이 끝나는 시기에 세 번째 물건을 구입하는 방법으로 계속하여 수익을 순연함으로써 임대수익을 확대해 갈 수 있는 것이다.

또한 시간이 경과 함에 따라 남은 부채도 줄어들게 된다. 어느 시점이 되면 변제가 완료될 것이다. 임대 수입만큼 안정된 수입은 없다. 장기 보유에 의한 안정적 임대 수입을 목표로 한다면 이는 매우 안정적인 수익구조일 것이다.

일본 부동산
투자 조세 전략

1 | 부동산취득세

　한국은 부동산의 종류, 보유 주택 수 및 지역 등 매우 복잡하고 다양한 조건에 따라 취득세율이 결정되고 그 금액 또한 상당하여 취득세는 과세 표준(부동산 취득 당시의 가액)의 13.4%에 이르는 경우도 발생한다.

　반면 일본은 단순한 구조를 변함없이 유지하고 있어 부동산 취득 및 투자자들의 안정적인 정책에 대한 신뢰를 얻고 있는 편이다.

　일본의 부동산취득세율은 과세표준(부동산의 고정자산세평가액)의 4%이고 특례조항으로 주택용·비주택용을 불문하고 토지는 모두 3%, 주택용 건물은 3% 및 비주택용 건물은 4%로 단순하다. 이는 부동산 취득 후 60일 이내 신고하여야 하나 도쿄도의 경우는 30일 이내 신고하여야 한다.

1) 부동산취득세

매매 또는 증여로 부동산을 취득한 경우 또는 신축이나 증축을 한 경우 도도부현都道府県[5]이 과세하는 지방세이다.

부동산취득세의 납세 방법은 취득 후 6개월~1년 반 내에 각 도도부현에서 발송한 '납세통지서'를 사용하여 금융기관에 납부한다. 납기는 각 도도부현에 따라 상이하다.

과세 대상 :

매매·신축·증개축·증여·교환 기타[6]

부동산취득세의 계산 :

토지 또는 건물의 세액 = 고정자산세평가액[7] × 4% (표준세율[8])

단, 특례에 의해 다음과 같이 표준세율이 경감된다.

토지 및 주택 3%(2024년 3월 31일까지), 주택 이외의 가옥 4%

---

5 도도부현(都道府県, とどうふけん)은 일본의 광역자치단체인 도(都, 토, 도쿄도), 도(道, 도오, 홋카이도), 부(府, 후, 오사카부와 교토부), 현(県, 켄, 나머지 43개)을 묶어 이르는 말이다. 도도부현의 하부에는 기초지방자치단체인 시정촌(市町村)이 있으며, 일부 도시는 행정상 별도의 정령지정도시(政令指定都市), 중핵시(中核市), 특례시(特例市) 등으로 지정되어 있다. 시정촌(市町村)과 같이 지방자치단체의 일종이기에 포괄적 지방자치단체, 광역적 지방자치단체라고도 불린다.

6 상속은 비과세이다.

7 고정자산세평가액이란 고정자산세 및 도시계획세, 부동산취득세, 등록면허세 계산의 기준이 되는 평가액이다. 3년에 1번 재평가되며 최근 2021년에 재평가되었다. 1994년도 평가 이후 공시지가의 70% 수준이 되도록 조정되었다.

8 표준세율이란 지방세법에 규정되어 있는 통상의 세율을 말하며 제한세율이란 과세를 할 때 제한세율을 초과할 수 없는 세율을 말한다. 지방공공단체는 조례에 의해 자유롭게 세율을 정할 수 있기 때문에 표준세율 및 제한세율과 달리 세율을 정하는 경우도 있다. 따라서 고정자산세 및 도시계획세, 부동산취득세 등의 지방세의 세율은 부동산 소재의 지방공공단체에 개별적으로 확인해야 한다.

2) 택지 과세표준의 특례

택지의 과세표준이 1/2 이 되는 특례 :

$$택지의 \ 과세표준액 \ = \ 고정자산세평가액 \times 1 / 2^9$$

신축 주택 및 그 부지에 대한 세액 경감

건물	특례세액	부동산취득세 = (고정자산세평가액 − 1,200만 엔)×3%
	경감 요건 (증개축 포함)	· 거주용 이외의 것도 포함한 주택 전반에 적용 (마이홈·세컨 하우스·임대용 맨션 [주택용] 등) · 과세 연면적이 50㎡ 이상 (단독주택 이외의 임대주택은 1호당 40㎡ 이상) 240㎡ 이하
토지	특례세액	부동산취득세 = (고정자산세평가액×1/2×3%) − 공제액(아래 A, B 중 큰 금액) A = 45,000엔 B = (토지 1㎡ 당 고정자산세평가액×1/2) ×(과세연면적×2[200㎡ 한도])×3%
	경감 요건	· 상기 「건물」의 경감 요건을 충족할 것 · 취득으로부터 3년 이내(2024년 3월 31일까지의 특례)에 건물을 신축할 것 (토지 선행 취득의 경우) · 토지를 빌리는 등으로 주택을 신축한 자가 신축 1년 이내에 그 토지를 취득할 것(건물 건축을 선행한 경우)

3) 인정 장기 우량 주택의 세액 경감

신축 주택의 건물분에 대하여 2024년 3월 31까지 1,200만 엔 공제 대신 1,300만 엔 공제 특례가 적용된다.

---

9 1/2 특례는 2024년 3월 31까지 적용된다.

4) 구축 주택 및 그 부지에 대한 세액 경감

<table>
<tr><td rowspan="2">건물</td><td rowspan="1">특례세액</td><td colspan="3">부동산취득세=(고정자산세평가액-공제액)×3%
도쿄도의 공제액은 다음과 같다. 공제기준이나 금액은 도도부현(都道府県)에 따라 약간 상이하다.</td></tr>
</table>

건물	특례세액	부동산취득세=(고정자산세평가액-공제액)×3% 도쿄도의 공제액은 다음과 같다. 공제기준이나 금액은 도도부현(都道府県)에 따라 약간 상이하다.		
		신축일		**공제액**
		1997년(平成 9년)	4월 1일 이후	1,200만 엔
		1997년(平成 9년)	3월 31일 이전	1,000만 엔
		1989년(平成元년)	3월 31일 이전	450만 엔
		1985년(昭和 60년)	6월 30일 이전	420만 엔
		1981년(昭和 56년)	6월 30일 이전	350만 엔
		1975년(昭和 50년)	12월 31일 이전	230만 엔
		1972년(昭和 47년)	12월 31일 이전	150만 엔
		1954년(昭和 29년)	7월 1일	100만 엔
		~1963년(昭和 38년)	12월 31일	
	경감요건	· 매수인의 거주용 또는 세컨 하우스용으로 취득(임대용 맨션[주택용]은 적용 외) · 50㎡ 이상 240㎡ 이하(과세 연면적) · 다음 중 하나에 해당할 것 ① 1982년 1월 1일 이후에 건축된 것(고정자산세 대장에 기재된 신축일로 판단) ② ①에 해당하지 않는 주택으로 신 내진 기준에 적합함이 증명된 것이나 '기존 주택매매하자보험'에 가입되어 있는 등의 조건에 준하는 것 ③ 신 내진 기준에 적합하지 않은 주택으로 입주 전에 신 내진 기준에 적합하도록 수리를 한 일정의 구축 주택일 것		
토지	특례세액	부동산취득세=(고정자산세평가액×1/2×3%) - 공제액(아래 A와 B 중 큰 금액) A=45,000엔 B=(토지 1㎡당 고정자산세평가액×1/2) ×(과세연면적×2[200㎡ 한도])×3 ×3%		
	경감요건	· 상기 「건물」의 경감 요건을 충족할 것 · 취득으로부터 1년 이내에 그 토지 위의 건물을 취득할 것(토지 선행취득의 경우) · 토지를 빌리는 등으로 그 토지 위의 건물을 취득한 자가 1년 이내에 그 토지를 취득할 것(건물 건축이 선행된 경우)		

2 | 등록면허세

1) 등록면허세(등기 비용 등)

토지 또는 건물을 건축하거나 구매할 때는 소유권보존등기 또는 이전등기 등을 하여야 한다. 이러한 등기를 할 때 부과되는 세금이 등록면허세이다.

택지의 과세표준이 1/2 이 되는 특례 :

세액 = 과세표준 × 세율[10] [11]

---

[10] 토지의 매매에 의한 소유권이전등기에 대해서는 2026년 3월 31일까지 경감세율에 의해 세액을 계산한다.
[11] 일정 요건을 충족하는 주택용지에 대해서는 경감세율을 적용할 수 있다.

2) 납세의무자

등기증을 받는 자가 납세의무자가 되며, 등기증을 받는 자가 2인 이상인 경우 연대하여 납부 의무를 부담한다.

3) 부동산 등기

① 토지의 소유권이전등기

내용	과세표준	세율	경감세율 (조세특례조치법 72)
매매	고장자산세평가액	20 / 1000	2026년 3월31일까지 15 / 1000
상속, 법인의 합병 또는 공유물 분할	고장자산세평가액	4 / 1000	–
기 타 (증여, 교환, 수용, 경매 등)	고장자산세평가액	20 / 1000	–

② 건물등기

내용	과세표준	세율	경감세율 (조세특례조치법 72의 2~75)
소유권보존	고장자산세평가액	4 / 1000	개인이 주택용 가옥을 신축 또는 취득하여 자기 주거용으로 제공하는 경우에는 ③ 주택용 가옥의 경감세율 참조
매매 또는 경매에 의한 소유권 이전	고장자산세평가액	20 / 1000	상 동
상속, 법인의 합병에 의한 소유권 이전	고장자산세평가액	4 / 1000	–
상속, 기타 (증여, 교환, 수용 등)	고장자산세평가액	20 / 1000	–

③ 주택용 가옥의 경감세율[12]

항목	내용	경감세율	비고
주택용 가옥의 소유권 보존등기 (조세특례조치법 72의 2)	개인이 2024년 3월 31일까지 주택용 가옥을 신축 또는 건축 후 사용한 적이 없는 주택용 가옥을 취득하여 자기 거주용으로 보존등기하는 경우	1.5 / 1000	등기신청 할 때 주택 소재의 시 정촌 등의 증명서를 첨부해야 함.[13]
주택용 가옥의 소유권 이전등기 (조세특례조치법 73)	개인이 2024년 3월 31일까지 주택용 가옥을 취득(매매, 경매에 한함)하여 자기 주거용으로 이전등기를 하는 경우	3 / 1000	상 동
특별인정장기우량주택의 소유권 보존등기 등 (조세특례조치법 74)	개인이 2024년 3월 31일까지 인정장기우량주택으로 주택용 가옥에 해당하는 것을 신축 또는 건축 후 사용한 적이 없는 특정인정장기우량주택을 취득하고 자기 주거용으로 보존 또는 이전등기를 하는 경우[14]	1 / 1000	상 동
인정저탄소주택의 소유권 보존등기 등 (조세특례조치법 74의 2)	개인이 2024년 3월 31일까지 저탄소건축물로 주택용 가옥에 해당하는 것을 신축 또는 건축 후 사용한 적이 없는 인정저탄소주택을 취득하고 자기 주거용으로 보존 또는 이전등기를 하는 경우	1 / 1000	상 동
특정한 증개축 등이 이루어진 주택용 가옥의 소유권 이전 등기 (조세특례조치법 74의 3)	개인이 2024년 3월 31일까지 택지건물취급업자로부터 일정한 증개축 등이 이루어진 주택용 가옥의 취득에 대한 소유권이전등기	1 / 1000	상 동
주택취득자금의 대부 등에 관한 저당권 설정등기 (조세특례조치법 75)	개인이 2024년 3월 31일까지 주택용 가옥의 신축(증축 포함) 또는 취득하여 자기 거주용으로 제공하는 경우 신축 및 취득을 위한 자금의 대부 등에 관한 저당권 설정등기	1 / 1000	상 동

---

12 경감세율을 받기 위해서는 연면적이 50㎡ 이상 이어야 하며, 신축 또는 취득 후 1년 이내 등기해야 한다.

13 등기 후 증명서를 제출하면 경감세율 혜택을 받을 수 없으니 주의하여야 한다.

14 단독주택의 특별인정장기우량주택의 이전등기는 2 / 1000

1) 고정자산세 및 도시계획세

　부동산을 소유함으로써 발생하는 세금 중 고정자산세가 있다. 이는 과세표준(통상 고정자산세평가액)의 1.4%에 해당하며 신축 주택 및 주택용지 등에는 경감 대상이 되고 그 납부기한은 각 시정촌별로 상이하여 취득하는 부동산의 지역에 따라 확인할 필요가 있다.

　위 고정자산세와 같이 부동산을 소유함으로써 발생하는 도시계획세는 과세표준(통상 고정자산세평가액)의 0.3%에 해당하며 주택용지의 경우 경감 대상이 되고 이는 고정자산세와 함께 납부한다.

　고정자산세 및 도시계획세는 매년 1월 1일 시점의 소유자가 납세의무자가 된다. 시구정촌이 세액을 계산하여 납세의무자에게 납세액을 통지하고 납세자는 이에 근거하여 세액을 납부한다. 고정자산세 및 도시계획세는 고정자산세평가액을 과세표준으로 계산한다. 고정자산세평가액은 3년에 한 번씩 재평가되며, 주택이나 주택용지에 대해서는 과세표준이나 세액 경감 조치가 있다.

2) 세액계산

고정자산세의 계산 :

세액 = 과세표준 × 1.4%(표준세율)

도시계획세의 계산 :

세액 = 과세표준 × 최고 0.3%(제한세율)

3) 고정자산세

① 고정자산세의 과세 방법

- 고정자산세는 매년 1월 1일 시점의 토지 및 건물 등의 소유자(고정자산 과세대장에 등록되어 있는 자)에게 시구정촌이 과세한다. 납세는 송달되는 납세통지서를 이용하여 납세한다. 일괄 또는 년 4회에 걸쳐 분납할 수 있다.
- 과세표준은 고정자산 과세대장에 등록된 고정자산세평가액이다.

- 주택용지와 신축 주택의 건물에 대해서는 경감 특례가 있다.
- 다음의 경감 특례는 별도의 신청 없이 시구정촌에서 절차를 진행할 수 있다.

② 주택용지의 특례 (마이홈·세컨하우스·임대용맨션(주택용) 등)

주택용지[15]

- 소규모 주택용지(200㎡ 이하의 부분) : 과세표준 × 1／6
- 일반 주택용지(200㎡ 초과 부분) : 과세표준 × 1／3. 단, 건물의 과세 연면적의 10배가 상한이다.

신축 주택의 건물

신축 주택은 120㎡ (과세 연면적) 까지의 부분에 대해 3년간 또는 5년간에 걸쳐 고정자산세가 1/2 (2024년 3월 31일까지 신축된 경우의 특례) 이 된다.

- 3층 이상의 내화구조 또는 준내화구조 : 신축 후 5년간
- 일반 주택 (상기 이외) : 신축 후 3년간
- 전용주택·점포 병용 주택 (점포 병용 주택인 경우 주거용 부분이 1/2 이상)
- 주거 부분의 과세 연면적이 1호당 50㎡ 이상 280㎡ 이하일 것

    (임대 주택인 경우 1호당 40㎡ 이상 280㎡ 이하)

---

15 점포 병용 주택은 주거용 부분이 1/2 이상인 경우 그 부지 전체를 주택용으로 간주한다. 그 부지 위에 주택이 존재하는 한 경감 특례는 적용된다. 맨션 등 집합주택의 경우, 부지 전체 면적을 거주용 호수로 나눈 면적으로 판정한다. 공가 등의 대책 추진에 관한 특별조치법에 근거한 필요한 조치의 권고 대상이 된 특정 공가 등에 관련된 토지를 제외한다.

· 토사재해특별경계구역 등에서 도시재생특별조치법 상 적정하지 않게 건설된 일정 주택을 제외한다.

인정 장기 우량주택의 건물[16]

2024년 3월 31일까지 신축된 경우에는 신축으로부터 5년간(맨션 등은 7년간) 세액이 1/2로 경감된다.

· 감액을 받기 위해서는 신축한 해의 다음 해(1월 1일 신축인 경우에는 그 해) 1월 31일까지 신고를 해야 한다.

4) 도시계획세

① 도시계획세의 과세 방법
· 도시계획세는 매년 1월 1일 시점의 도시계획구역 내에 있는 토지 및 건물 등의 소유자에게 시구정촌이 과세한다. 고정자산세와 일괄 납세한다.

· 세율은 최고 한도 0.3% 이내의 범위에서 과세된다.

· 다음의 경감 특례는 별도의 신청 없이 시구정촌에서 절차를 진행할 수 있다.

② 도시계획세의 경감 특례(마이홈·세컨하우스·임대용 맨션[주택용] 등)

---

16 주택용지란 전용 주택의 토지 또는 병용 주택으로 건물의 1/4 이상이 주거용으로 사용된 토지를 말한다. 시구정촌의 조례에 의해 특별 경감 특례가 있는 경우가 있다.

주택용지

- 소규모 주택용지 (200㎡ 이하의 부분) : 과세표준 × 1/3

- 일반 주택용지 (200㎡ 초과의 부분) : 과세표준 × 2/3

신축 주택 건물

원칙적으로 경감 특례가 없다. 단, 시구정촌의 조례에 의해 특별 경감 특례가 설치되어 있는 경우가 있다.

4 소득세(개인의 경우)

1) 보유(임대 시) 부동산에 대한 소득세

부동산을 소유 및 임대하고 있는 경우 임대료 수입은 부동산 소득으로써 소득세의 과세 대상이 된다. 그해의 소득세액은 부동산 소득에 급여소득 등 기타 소득을 합산하여 종합과세 된다. 또한 소득세 외 주민세가 과세된다.

부동산 소득의 계산 방법

부동산 소득의 금액 = ① 수입금액 - ② 필요경비

① 수입금액

부동산 소득의 수입금액이란 임대차 계약 등에 의해 그해 1월 1일부터 12월 31일까지의 수입금액으로 확정한 임대료, 지료, 권리금 등의 금액을 말한다. 즉 12월 31일 현재 그해의 임대료가 미수 상태라도 수입금액에 포함해야 한다.

수입금액에 포함되는 것

- 임대료·지료
- 권리금
- 갱신료
- 사례금
- 공익비 등의 명목으로 받은 전기요금, 수도요금, 청소비 등
- 보증금 중 반환을 요하지 않는 것(퇴거 시 반환 부분은 수입금액에 포함하지 않는다)

---

② 필요경비

부동산 임대로 인해 발생한 사업상의 지출 중 일정 부분은 필요경비로써 수입금액에서 공제할 수 있다.

▼ 부동산 임대로 인해 발생하는 지출의 구분

필요경비로 인정되는 것

- 토지·건물에 관한 고정자산세 및 도시계획세
- 사업세
- 소비세 (세 포함 경리税込経理에 의한 경우에 한함)
- 수입인지대

- 수선비 (자본적 지출에 해당하는 것은 제외)
- 손해보험료 (무배당으로 당해 연도분에 한정)
- 부동산회사에 지불하는 관리 수수료
- 관리조합에 지불하는 관리비
- 입주자 모집을 위한 광고선전비
- 세무사·변호사의 보수 중 부동산 임대와 관련한 것
- 감가상각비
- 명도비용
- 공용부분의 수도광열비
- 토지 구입 및 건물의 건축용 차입금에 대한 금리 (사업 개시 후에 지불된 부분)
- 기타 잡비 (청소, 소모품 등)

필요경비로 인정되지 않는 것

- 차입금의 원본 상환분
- 사업과 관련 없는 지출 (자택과 관련한 경비 등)
- 주민세
- 소득세

2) 급여소득자의 연말 조정과 확정신고

급여소득자는 별도의 수입이 없다면 연말 조정으로 그해의 세액을 확정한다. 부동산 임대 소득에 대해서는 회사에서 연말 조정을 해주지 않는다. 회사는 종업원에게 매월 급여를 지급할 때 그 급여에 맞게 소득세를 원천징수하여 세무서에 납부한다. 회사가 실시하는 연말 조정이란 자신들이 지불한 급여만이 해당 직원의 수입이라는 상정 하에 연간 납부해야 할 소득세를 계산하는 것이다. 그 결과 그해의 마지막 급여를 지급할 때 원천징수한 소득세 중 과부족분에 대해 환급 또는 징수하는 형태로 조정을 하는 것이다. 즉, 급여소득자가 급여 외에 부동산 소득 등이 있어도 회사에서 그에 대한 연말 조정을 해주지 않는다. 급어 이외에 부동산 소득 등이 있는 사람은 본인이 별도로 확정신고를 해야 한다. 취득과 함께 확정신고를 해야 비로소 그해의 소득과 소득세액이 확정되는 것이다.

3) 소득세의 계산

부동산 임대수익이 있는 경우 그 소득은 소득세 대상이 된다. 그해의 소득세액은 부동산 소득과 기타 소득(급여소득 등)을 합산하여 산출한다.

① 세액계산

소득세액 = {총소득 금액 (부동산소득 + 급여소득[17] 등 기타 소득금액) − 각종 소득공제액[18]} × 세율 − 공제액 − 각종 세액 공제[19] − 원천징수 세액

---

17 급여소득이란 「급여소득의 원천징수료」에서 「급여소득공제 후의 금액」을 가리킨다.
18 소득공제란 배우자나 부양친족이 있는지 여부 등 개인적인 사정을 고려하여 소득세액에서 공제하는 것이다.(예 : 배우자공제, 부양공제 등) 소득공제액의 합계액은 「급여소득의 원천징수표」의 「소득공제액의 합계액」으로 확인 가능하다.
19 주택론 공제·배당공제 등이 있다

② 확정신고와 납세 방법

확정신고 기간
그해의 다음 해 2월 16일~3월 15일까지 [20]
납세기한
3/15까지
확정신고서 제출처
주소지 관할세무서

4) 주민세 계산

주민세는 소득세의 확정신고서를 세무서에 제출하면 자동적으로 시정촌에서 주민세 신고서를 제출한 것이 된다. 별도로 주민세 신고를 할 필요는 없다. 주민세 납세 방법은 특별징수(급여에서 원천징수되는 방법)와 보통징수(납부를 통해 직접 내는 방법) 두 가지가 있다. 보통징수의 경우 한 번에 납세하는 것도 가능하지만 년 4회(6월, 8월, 10월, 다음 해 1월)에 나누어 납세할 수도 있다. 급여소득 이외의 소득에 대한 주민세에 대해서는 보통징수에 의한 납부를 선택할 수도 있다.

---

20 확정신고 기한(3월 15일)까지 「대체납세의뢰서」를 제출한 경우에는 지정 금융기관에서 계좌이체로 납부할 수 있다. 이 경우 납부는 4월 20일 전후(매년 다름) 계좌에서 이체된다.

5) 소득세 요율표

과세 대상 소득액	세율	공제액
1,000~1,949,000 엔	5%	—
1,950,000~3,299,000 엔	10%	9.75만 엔
3,300,000~6,949,000 엔	20%	42.75만 엔
6,950,000~8,999,000 엔	23%	63.60만 엔
9,000,000~17,999,000 엔	33%	153.60만 엔
18,000,000~39,999,000 엔	40%	279.60만 엔
4,000만 엔 이상	45%	479.60만 엔

5 | 양도소득(개인의 경우)

　부동산을 매각함으로써 발생한 소득을 양도소득이라고 한다. 양도소득에 대해서는 다른 소득과 분리하여 소득세와 주민세를 과세한다. 또한 양도소득이 없는 경우에는 과세하지 않는다.

　일본의 양도소득세는 한국의 세율과 달리 단순하고 명료하다. 소유 기간이 5년 이하인 경우에는 '단기양도소득'으로 세율은 과세표준(부동산 양도 차액)의 39.63%이고, 소유 기간 5년을 초과하는 경우에는 '장기양도소득'으로 세율은 20.315%이다. 이는 2037년까지 소득세에 대해 2.1%의 부흥특별소득세가 가산된 것이다.

1) 양도소득의 계산

양도소득 = 양도수입금액 − (취득비용[21] + 양도비용[22])

과세 양도소득 = 양도소득 − 특별공제[23]

세액계산 = 과세 양도소득 × 세율(소득세·주민세)

양도차익에 대한 세율은 다른 소득과 분리하여 분리과세 세율을 적용하며, 대상이 되는 부동산의 용도나 소유 기간에 의해 세율이 상이하다.

2) 과세 방법

소득세는 급여소득이나 부동산 소득 등 각종 소득금액을 합계하여 총소득 금액을 구하고, 이에 대한 세액을 계산하는 종합과세가 원칙이다. 그러나 부동산 매각과 함께 발생하는 양도소득에 대해서는 다른 과세와 합산하지 않고 개별로 세액을 계산하는 분리과세 방식을 적용하고 있다.

---

21 취득비용 : 다음의 ① ② 중 큰 금액을 사용한다. ① 실액법 : 토지 건물의 구입 대금과 취득에 사용된 비용을 합한 금액에서 건물의 감가상각비를 뺀 금액, ② 개산법^{概算法} : 양도수입금액×5%
22 매도에 직접 사용된 비용
23 주거용의 3,000만 엔 특별공제의 특례 등

3) 소유 기간에 따른 과세

토지 및 건물을 양도한 경우의 단기양도소득과 장기양도소득은 양도한 해의 1월 1일 현재 시점에 소유 기간이 5년 이하인지 5년을 초과했는지를 판단한다.

소유 기간	판정
5년 이하의 토지 및 건물 등	단기양도소득
5년을 초과하는 토지 및 건물 등	장기양도소득

4) 양도소득의 세율표

장기 구분	소유 기간		
	단기	장기	
기간	5년 이하	5년 초과	10년 초과 소유 경감세율의 특례[24] (재구매한 주택의 주택론 공제와 병용 불가)
자기 거주용	39.63% (소득세 30.63% +주민세 9%)	20.315% (소득세 15.315% +주민세 5%)	① 과세 양도소득 6,000만 엔 이하 부분 14.21% (소득세 10.21%+주민세 4%)
			② 과세 양도소득 6,000만 엔 초과 부분 20.315% (소득세 15.315%+주민세 5%)
상기 이외	39.63% (소득세 30.63% +주민세 9%)	20.315% (소득세 15.315%+주민세 5%)	

5) 사용 용도(주거용, 사업용 및 기타)에 따라 특례가 상이하다

　양도차익이 발생한 경우 일성 조건을 충족하면 ① 3,000만 엔 특별공제의 특례, ② 10년 초과 소유 경감세율의 특례, ③ 특정 거주용 재산의 재구매 특례 등을 적용받을 수 있다.

　양도손실이 발생한 경우 일정 조건을 충족하면 ① 거주용 재산의 재구매의 경우 양도손실의 손익통산 및 이월공제, ② 특정 거주용 재산에 대한 양도손실의 손익통산 및 이월공제 등을 받을 수 있다. ① ②를 적용하는 경우 그 양도손실은 다른 소득과 손실 통산 및 다음 해 이후로 이월이 가능하다.

---

24 상기 세율은 부흥특별세로서 소득세의 2.1% 상당이 가중된 것이다.

6) 부동산 매각 시 장기 구분 및 과세 구분과 이용 가능한 특례

장기 구분	소유 기간		
	단기	장기	
기간	5년 이하	5년 초과	10년 초과
자기 거주용	단기양도소득 3,000만 엔 특별공제	장기양도소득 - 3,000만 엔 특별공제 - 거주용 재산의 재구매 등의 경우 양도손실의 손익통산 및 이월공제 - 특정 거주용 재산의 양도손실의 손익통산 및 이월공제	
			- 10년 초과 소유 경감 세율의 특례 - 특정 거주용 재산의 재구매 특례
상기 이외	단기양도소득	장기양도소득	
피상속인 거주용	빈집의 3,000만 엔 특별공제		

토지 등의 2009년·2010년 취득에 대한 1,000만 엔 특별공제

2009년 1월 1일부터 2010년 12월 31일까지 취득한 토지 등을 소유 기간 5년을 초과하여 양도한 경우에는 양도소득 금액에서 1,000만 엔을 공제한다.

저·미이용토지를 양도한 경우 100만 엔 공제

개인이 그해 1월 1일 현재 소유 기간 5년을 초과한 도시계획구역 내에 있는 저·미이용토지로 그 위에 있는 건물 등을 포함한 가액이 500만 엔 이하인 것을 양도한 경우에는 그해 중의 저·미이용 토지의 장기양도소득 금액에서 100만 엔을 공제할 수 있다. 매수인이 그 토지를 이용할 의향을 시구촌장이 확인한 경우에 한한다. 2020년 7월 1일에서 2022년 12월 31일까지의 양도에 적용한다.

7) 취득비용·양도비용

① 취득비용

취득비용은 다음 중 큰 금액을 사용한다.

· 실액법実額法 : 토지 및 건물의 구입 대금, 건축 대금, 구입 시 중개수수료, 기타 리폼의 설비비나 개량비 등 취득에 필요한 비용을 합한 금액에서 건물의 감가상각비를 뺀 금액

· 개산법概算法 : 양도수입금액 × 5%

▼ 감가상각비의 계산 방법

감가상각비의 일반적인 계산 방법으로 정액법과 정률법이 있는데, 그중 신고를 하지 않는 경우에는 정액법으로 계산한다. 마이홈이나 세컨드하우스는 비사업용 자산의 내용연수에 의해 감가상각비를 산출한다. 또한 건물은 모두 정액법에 의해 감가상각비를 산출한다.

상각비의 계산식(정액법)

건물구입대금 × 0.9 × 상각률[25] × 경과연수[26]

▼ 법정 내용연수(정액법)

---

25 비사업용의 내용연수는 사업용의 1.5배로 계산된다.

26 비사업용의 경과연수를 계산하는 경우 6개월 이상의 단수는 1년으로 하고 6개월 미만은 절사한다.

건물의 구조 등	비사업용		사업용	
	내용 연수	상각률	내용 연수	상각률
목조 모르타르조	30년	0.034	20년	0.050
목조	33년	0.031	22년	0.046
철골 (골격재 두께 3mm 이하)	28년	0.036	19년	0.053
철골 (골격재 두께 3mm 초과 4mm 이하)	40년	0.025	27년	0.038
철골 (골격재 두께 4mm 초과)	51년	0.020	34년	0.030
철근콘크리트조	70년	0.015	47년	0.022

② 양도비용

양도비용이란 양도에 직접 필요한 비용을 말하며 그 내용은 대체로 다음과 같다.

· 토지나 건물을 팔기 위해 지불된 중개수수료 등

· 등기 또는 등록에 필요한 비용

· 인지세 중 매도인의 부담분

· 임대매물을 팔기 위해 임차인의 명도 시에 지불된 명도비

· 토지 등을 팔기 위해 그 지상의 건물을 철거하는 경우 철거 비용과 건물손실액

· 측량에 필요한 비용

· 매매계약 체결 후 기타 사정으로 계약이행을 하지 못하여 지불하는 위약금

· 차지권을 팔 때 지주의 승낙을 얻기 위해 지불한 명의 변경료 등

· 기타 그 자산의 양도가액을 증가시키기 위해 양도 시에 지출한 비용

그러나 거주기간에 수선비나 고정자산세 등 그 자산의 유지 관리를 위해 사용된 비용이나 매각대금의 징수를 위한 비용 등은 양도비용에 해당하지 않는다.

6 법인세

1) 부동산 투자의 법인화

부동산 투자에서 법인화를 하는 것이 더 유리한 점은 개인의 소득세율에 비해 법인세율이 낮다는 것이다. 법인화를 할지 여부에 대한 판단 기준은 상속 시를 제외하면 개인과 법인의 세율 차이 때문이다.

법인세

자본금 1억 엔 이하의 법인	소득이 800만 엔 이하인 부분	15.0%
	소득이 800만 엔 초과인 부분	23.2%
상기 이외의 보통 법인	전부	23.2%

개인소득세·주민세율

과세소득	세율		
	소득세	주민세	합계
195만 엔 이하	5%	10%	15%
330만 엔 이하	10%		20%
695만 엔 이하	20%		30%
900만 엔 이하	23%		33%
1,800만 엔 이하	33%		43%
4,000만 엔 이하	40%		50%
4,000만 엔 초과	45%		55%

앞의 표와 같이 개인소득세율과 법인세율의 차이에 따라 특히 비용처리로 인한 양도소득의 절세 등을 포함하면 부동산 투자의 법인화는 수익구조의 장점이 크다고 할 수 있다. 단 일본 내에서 부동산으로 발생하는 임대수익 및 양도소득 외에 급여소득이 많다면 개인화 부동산 투자를 하는 것도 경우에 따라 유리할 수 있겠으나 이 책의 독자 대부분은 비거주 외국인으로서 일본 내 부동산을 투자하는 방식을 전제로 한다면 법인화를 통한 부동산 투자가 유리하다고 할 수 있다.

2) 청색신고와 백색신고

개인사업자이든 법인사업자이든 사업을 운영하는 경우 누구나 '확정신고'를 해야 한다. 이 확정신고에는 '청색신고'와 '백색신고' 두 가지가 있다.

세무서에 '청색신고 승인 신청서'를 제출하여 승인을 받으면 '청색신고'

이고, 제출하지 않으면 '백색신고'가 된다. 물론 '청색신고 승인신청'에는 요구사항이 있는데 일정 수준의 기장을 하고, 이를 바탕으로 한 올바른 신고가 전제다. 청색신고를 통해 얻을 수 있는 이익은 다음과 같다.

① 결손금의 이월공제

청색신고는 사업 매출이 적자가 된 경우 개인은 3년간, 법인은 10년간 적자를 이월할 수 있다. 흑자가 발생한 당해 이월된 적자를 상쇄할 수 있는데 이를 결손금의 이월공제라고 한다. 해당연도 적자를 이월시켜 다음 해 흑자와 상쇄할 수 있고, 이에 따라 세금 부담이 줄어든다. 이월공제가 되지 않는다면 전년도 적자와는 무관하게 금년도 흑자에 대한 세금을 모두 납부해야 하지만 이월공제가 가능하다면 세금 부담이 크게 줄어든다.

② 결손금의 소급 환급

이월공제는 다음 해 흑자를 상쇄하여 세금을 감액할 수 있지만, 소급 환급은 전년도 흑자와 상쇄하여 전년도 납부한 세금을 환급받을 수 있는 제도이다. 전년도 흑자였으나 금년도 적자인 경우 금년도 적자와 전년도 흑자를 상쇄하여 전년도에 납부한 세금의 일부를 환급받을 수 있다.

③ 소액 감가상각 자산의 비용처리

사업을 시작하며 다양한 비품들이 필요하다. 책상, 컴퓨터, 자동차 등의 구입 비용은 구입 당시 경비처리가 되는 것이 아니라 수년간에 걸쳐 조금씩 비용화되는데 이를 감가상각이라고 하며, 감가상각의 대상이 되는 것을 '감가상각 자산'이라고 한다.

④ 소액 감가상각 자산의 비용계상 특례

청색신고의 경우 자본금 1억 엔 이하의 법인에 한정되지만 추가 혜택으로 단가 30만 엔 미만의 비품에 대해서는 구입 시 비용으로 계상할 수 있다. 연간 300만 엔까지는 감가상각 처리 없이 비용처리가 가능하다.

법인사업자는 적용받고자 하는 사업연도 개시일 전날까지 신청서를 제출하여야 한다. 사업연도가 4월 1일~3월 31일까지인 경우에는 전년도의 3월 31일까지 제출하여야 한다. 처음 법인을 설립한 경우에는 설립 후 3개월 또는 설립 사업연도 종료일 중 빠른 날에 제출하여야 하며, 이 경우는 법인 설립과 동시에 청색신고를 하면 된다.

3) 법인화의 추가 장점

위와 같은 법인과 개인의 세율차 이외에 법인화 부동산 투자의 장점은 청색신고의 경우 회계상 적자(결손금)를 10년간 이월할 수 있다는 것이고, 감가상각 여부를 선택할 수 있다는 것이다.

① 청색신고의 경우 회계상 적자(결손금) 10년간 이월

청색신고를 하는 법인의 경우 회계상 적자(결손금)를 10년간 이월할 수 있기 때문에 법인세가 부과되는 소득을 컨트롤하기 수월하다. 예를 들면 첫해에 500만 엔의 적자가 생긴 경우, 그 적자를 2년째, 3년째 등 임의의 연도에 계상할 수 있기 때문에 이익이 많은 연도에 적자를 상쇄하여 납세액을 줄일 수 있다.

개인의 경우에는 3년간만 이월할 수 있으나 법인은 10년간 이월할 수 있기에 법인이 더 유리하다.

단, 청색신고를 하지 않거나 규모의 기준을 충족하지 않은 경우에는 적자(결손금)의 이월이 불가능하니 주의가 필요하다.

② 감가상각 여부를 선택한다

감가상각을 하지 않을 수 있는 법인은 물건 취득으로부터 5년 이내에 매각하는 경우(단기양도), 양도세 부분에서 득이 된다. 개인 및 법인을 불문하고 취득한 물건을 매각할 때는 이익분에 대해 양도세가 발생한다.

이익 = 매각금액 - (구입금액 - 감가상각비)

실제 수익 = 이익 × (1 - 양도세율)

법인·개인별 양도세율표

법인의 양도세율	개인의 양도세율	
	단기양도	장기양도
23%	40%	20%

법인이 부동산을 취득하여 감가상각을 하지 않고 매각하는 경우 물건의 취득가격과 매각 시의 장부가격에 큰 차이가 없기 때문에 양도세가 부과되는 이익 부분을 줄일 수 있다.

또한 양도세율은 23%로 개인이 단기양도를 한 경우의 40%보다 낮은 세율이 적용된다.

한편 개인이 부동산을 취득한 경우에는 강제적으로 감가상각을 해야 하기 때문에 양도세의 적용 대상인 이익 부분이 커지게 되고, 단기양도를 하는 경우라면 40%의 양도세율이 적용되기 때문에 물건을 매각할 때 거의 이익이 남지 않을 수도 있다.

그렇기 때문에 물건을 5년 이내에 양도할 예정이라면 법인화를 하는 것이 더 유리하다.

4) 비거주자의 법인화를 통한 금융 레버리지 활용

비거주자의 경우 일본 내의 금융권에서 계좌개설이 쉽지 않다. 더욱이 부동산을 개인 명의로 취득하는 경우에도 이를 담보로 한 금융권 대출 실행이 어렵다.

계좌개설이 되지 않는다면 임차인들로부터 받는 차임, 지료 및 기타 수익금 등을 관리회사 계좌를 사용하거나 기타 다른 방법을 모색해야 한다. 이는 무척 번거로운 일이 아닐 수 없다.

더불어 투자 수익을 높이기 위한 기본적인 방법은 저금리의 금융권 대출 실행으로 레버리지 효과를 얻는 것이다. 금융권은 비거주자의 매수 부동산 물건의 감정 시 법인명의임을 전제로 하며 추가로 개인의 한국 내 자산 자료를 첨부하도록 한다. 비거주자가 일본 내 부동산을 취득하는데 금융권의 대출을 실행하기 위해서는 매수인 명의가 일본 내 설립된 법인인 경우 외에는 대출실행이 어렵다고 보아야 한다.

　따라서 계좌개설도 필요 없고 금융권 대출실행도 요하지 않는 100% 자기자본 개인 투자자가 아닌 이상 비거주자의 법인설립은 앞서 언급한 법인화의 유리함과 더불어 투자수익의 극대화를 위해 필요한 절차라 할 수 있다.

일본의 소비세는 한국의 부가가치세와 같은 개념이다. 과세사업자가 납부하는 소비세액은 원칙적으로는 과세 매출에 포함되는 소비세액에서 해당 매출에 대응하는 과세 매입에 포함되는 소비세액을 공제한 금액이 된다. 이 금액이 마이너스인 경우에는 환급된다.

소비세는 과세사업자의 일본 내 거래에 과세한다. 국내 거래란 국내에서 대가를 얻고 행해지는 자산의 양도 또는 대부, 노무(서비스)의 제공을 말한다.

건물의 구입은 과세 매입에 해당하지만, 주거용 임대 건물의 경우 매출에 해당하는 임대료에 소비세를 매기지 않기 때문에 이는 과세 매출에 해당하지 않고 해당 거주용 임대 건물의 구입에 대해서는 매입세액공제가 인정되지 않는다.

자산 양도의 경우 토지에는 소비세를 매기지 않는다. 건물의 양도대금 및 중개수수료 등은 과세 대상이다. 과세사업자의 자산 양도는 소비세의 과세 대상이지만 일반 개인이 매도인으로서 마이홈이나 세컨하우스를 양도한 경우에는 과세하지 않는다. 또한 마이홈이나 세컨하우스 이외의 부동산 매각에 대해서는 일반 개인이 매도인이라도 소비세가 부과되는 경우가 있다.

1) 세액계산

소비세 계산

- 2019년 9월 30일까지

  세액 = 과세표준 × 8% (8% 중 1.7%는 지방소비세)

- 2019년 10월 1일 이후 (단, 경감세율 및 경과조치를 제외함)

  세액 = 과세표준 × 10% (10% 중 2.2%는 지방소비세)

2) 소비세 과세 거래와 비과세 거래

① 소비세의 과세 거래

소비세의 과세 거래는 다음의 4가지 요건을 모두 충족하는 거래로써 비과세非課税 거래, 면세免稅거래 및 불과세不課税거래에 해당하지 않는 것을 말한다.

- 국내 거래에 해당할 것 (국외 거래는 비과세 거래에 해당)
- 사업자의 사업에 해당하는 거래일 것 (반복, 계속 및 독립하여 이루어지는 거래에 해당할 것)
- 대가가 있는 거래에 해당할 것 (무상일 경우 비과세 거래 해당)
- 자산의 양도, 대부 및 노무(서비스)의 제공에 해당할 것

② 소비세의 비과세 거래

소비세는 과세 요건을 충족하면 과세 거래에 해당하지만, 소비에 부담을 요하기 때문에 과세 대상으로서 친숙하지 않은 것이나 사회정책적 배려로 정한 과세하지 않는 비과세 거래(토지의 양도 및 대부, 주택의 대부 등)를 정하고 있다.

과세 거래의 예

건물의 구입 대금·건축 하청 대금
중개수수료(매매, 임대차)
주택론에 대한 사무 수수료
사무소 또는 점포 등의 임대료

비과세 거래의 예

토지 구입 대금
주택론의 변제 이자 및 보증료
화재보험료 또는 생명보험료
지료, 임대료(주거용)
보증금

---

3) 소비세에서 구입 시의 건물가격을 산출하는 방법

소비세는 건물에 대해 과세하며 토지에 대해서는 과세하지 않는다. 소비세가 계약서 등에 기재되어 있는 경우에는 소비세로부터 건물가격을 역산할 수 있다.

건물가격 = (소비세 ÷ 구입 시 소비세율) + 소비세

토지가격 = 구입 대금 − 건물가격

- 1989년 4월 1일~1997년 3월 31일 ⋯ 3%
- 1997년 4월 1일~2014년 3월 31일 ⋯ 5%
- 2014년 4월 1일~2019년 9월 30일 ⋯ 8%
- 2019년 10월 1일~현재   ⋯ 10%

인지세법에 정해진 과세문서에 대해 인지세를 과세한다. 부동산 거래에서 부동산의 매매계약서, 건물의 건축청부계약서, 토지임대차계약서, 대출받을 때 금전소비대차계약서 등이 과세문서에 해당하며 계약서의 기재 금액에 따라 세액이 결정된다. 인지세의 납부는 규정된 인지를 계약서에 붙이고 이를 소인함으로써 종료된다. 동일 계약서를 복수로 작성하는 경우에는 1통마다 인지를 붙여야 한다.

한국에서도 법원의 등기 및 소송에 관한 인지법에 따라 인지를 첨부하는 경우가 있다. 다만 개인 간의 매매계약서 등 거래계약서에도 인지를 각각 첨부하는 것은 한국과 일본이 다른 점이다. 이에 일본에서의 매매계약서 체결 시 매매대금에 따라 그 인지세 금액이 과다할 수 있고 체결 계약서의 통수에 각 인지를 첨부하여야 하기에 사인 간 거래 시 매매계약서 원본

1부와 사본으로 교부하는 경우도 있다.

1) 계약서 인지세

부동산 계약서 인지세액

기재 금액	부동산매매계약서
1만 엔 미만	비과세
10만 엔 이하	200엔
10만 엔 초과 50만 엔 이하	400엔
50만 엔 초과 100만 엔 이하	1,000엔
100만 엔 초과 500만 엔 이하	2,000엔
500만 엔 초과 1천만 엔 이하	10,000엔
1천만 엔 초과 5천만 엔 이하	20,000엔
5천만 엔 초과 1억 엔 이하	60,000엔
1억 엔 초과 5억 엔 이하	100,000엔
5억 엔 초과 10억 엔 이하	200,000엔
10억 엔 초과 50억 엔 이하	400,000엔
50억 엔 초과	600,000엔
기재 금액이 없는 것	200엔

부동산 매매계약서의 인지를 반액 부담하는 경우

부동산 매매계약서에는 인지를 붙여야 한다. 매도인과 매수인 쌍방이 계약서를 작성하여 보관하는 경우에는 각각의 계약서가 과세문서에 해당하기 때문에 각각의 계약서에 인지를 붙여야 한다. 동일한 내용의 계약서인 경우 원본과 복사본으로 작성하여 복사본은 단순히 부본 문서로 취급한다면 과세문서에는 해당하지 않는다. 인지세 부담이 절반으로 줄어든

부동산 계약서 인지세 경감세액[27]

기재 금액	부동산매매계약서
1만 엔 미만	비과세
50만 엔 이하	200엔
50만 엔 초과 100만 엔 이하	500엔
100만 엔 초과 500만 엔 이하	1,000엔
500만 엔 초과 1천만 엔 이하	5,000엔
1천만 엔 초과 5천만 엔 이하	10,000엔
5천만 엔 초과 1억 엔 이하	30,000엔
1억 엔 초과 5억 엔 이하	60,000엔
5억 엔 초과 10억 엔 이하	160,000엔
10억 엔 초과 50억 엔 이하	320,000엔
50억 엔 초과	480,000엔
기재 금액이 없는 것	200엔

다.[28] 단, 복사본에 대해서는 계약당사자의 자필 서명 날인이 있는 것에 대해서는 계약의 성립을 증명하는 목적으로 작성된 문서로 인정되기 때문에 원본과 마찬가지로 과세문서에 해당하므로 주의가 필요하다.

2) 영수증 인지세

부동산매매계약을 체결하고 계약금 또는 잔금 등 금전 지급 후 영수증을 요청하는 경우 일본은 동 영수증 발행에도 인지를 붙이도록 하고 있다.

---

27 부동산매매계약서에 과세되는 인지세의 경감은 2024년 3월 31일까지 적용된다.
28 매매계약서에 첨부하는 인지세가 과다하다보니 실무적으로 매수인은 날인이 되어 있는 원본을 교부 받고, 매도인은 사본을 교부 받는 것으로 갈음하기도 한다.

매출 대금과 관련된 금전의 영수증에도 인지세가 과세된다. 부동산회사 등이 부동산을 매각한 영수증에는 인지를 붙여야 하지만, 일반 개인이 매도인이 되어 마이홈이나 세컨하우스를 매매하는 경우 발행하는 영수증에는 인지세가 부과되지 않는다. 단, 마이홈 또는 세컨하우스 이외의 부동산에 관련한 영수증에는 인지세가 부과되는 경우가 있다.

영수증 인지세액 일람표

기재 금액	인지세액
5만 엔 미만	비과세
100만 엔 이하	200엔
200만 엔 이하	400엔
300만 엔 이하	600엔
500만 엔 이하	1,000엔
500만 엔 이하	2,000엔
1,000만 엔 이하	4,000엔
2,000만 엔 이하	6,000엔
3,000만 엔 이하	10,000엔
1억 엔 이하	20,000엔
2억 엔 이하	40,000엔
3억 엔 이하	60,000엔
5억 엔 이하	100,000엔
10억 엔 이하	150,000엔
10억 엔 초과	200,000엔
기재 금액이 없는 것	200엔

상속세는 상속 또는 유증에 의해 재산을 취득한 자에 대해 과세하는 세금이다. 개인 간의 자산 격차를 조정하기 위해 일정 금액을 초과하는 재산을 취득한 경우에는 그 재산에서 일정액을 상속세로 납세하도록 되어 있다. 피상속인이 사망한 날의 다음 날부터 10개월 이내에 피상속인의 주소지 관할세무서에 신고하여 납부하여야 한다.

1) 상속 절차

상속인 확정
· 법정 상속인의 확정 · 유언 등의 유무 확인 등

▼

상속재산의 평가 등
· 재산 또는 채무 목록 작성 등
· 유산분할협의서 작성 (유언이 없는 경우)

▼

상속세액 산출
· 상속세의 과세가격 계산 등
· 납세 방법 검토

▼

상속세 신고 및 납세

▼

상속재산의 명의 변경

2) 상속재산

상속(유증 포함)에 의해 취득한 재산은 상속세 과세 대상이 된다.

본래 상속재산
상속 등에 의해 취득한 재산. 토지, 건물, 현·예금, 유가증권 등

간주 상속재산
피상속인의 사망에 기인하여 얻게 된 재산 즉, 사망생명보험, 사망퇴직금 등 상속개시 전 3년 이내에 피상속인으로부터 증여에 의해 취득한 재산이나 상속 시 청산과세제도를 적용하여 피상속인으로부터 증여 취득한 재산도 상속재산에 가산된다. 가산되는 금액은 증여재산의 증여 시의 가액이다.

3) 법정 상속인과 법정 상속분

법정 상속인은 다음과 같이 배우자와 일정의 혈족이 해당한다. 먼저 배우자는 반드시 상속인이 된다. 배우자와 혈족 상속인은 공동하여 상속한다. 또한 순위가 다른 혈족 상속인끼리 공동으로 상속하는 것이 아니라 다음과 같은 순위로 상속인이 정해진다. 고인의 자녀, 고인의 부모 또는 고인의 형제자매가 동시에 상속인이 되는 일은 없다.

혈족 상속인	내용
제1순위 직계비속(자녀 또는 손자)	무조건 상속인이다. 자녀가 사망한 경우 손자가 상속인이 된다.
제2순위 직계존속(부모 또는 조부모)	직계비속이 없는 경우 상속인이 된다. 부모가 없는 경우 조부모가 상속인이 된다.
제3순위 형제자매	직계비속과 존속 모두 없는 경우 상속인이 된다. 형제자매가 사망한 경우 형제자매의 자녀가 상속인이 된다.
법정 상속인	법정 상속분
배우자와 직계비속(자녀 또는 손자)의 경우	배우자 1/2, 자녀(손자) 1/2 (복수의 경우 인수 안분)
배우자와 직계존속(부모 또는 조부모)의 경우	배우자 2/3, 부모(조부모) 1/3 (복수의 경우 인수 안분)
배우자와 형제자매의 경우	배우자 3/4, 형제자매 1/4 (복수의 경우 인수 안분)

4) 상속세율

법정상속인의 취득금액	세율	공제액
1,000만 엔 이하	10%	—
3,000만 엔 이하	15%	50만 엔
5,000만 엔 이하	20%	200만 엔
1억 엔 이하	30%	700만 엔
2억 엔 이하	40%	1,700만 엔
3억 엔 이하	45%	2,700만 엔
6억 엔 이하	50%	4,200만 엔
6억 엔 초과	55%	7,200만 엔

5) 소규모 택지의 평가감액 특례

유산 중에 주택이나 사업에 사용되고 있던 택지 등이 있는 경우에는 그 택지 등의 평가액의 일정 비율을 감액하는 특례가 있다. 구체적으로는 다음과 같다. 아래 택지가 복수인 경우에는 한도 면적에 대해 일정의 조정 계산을 해야 한다. 단, 신고기한까지 유산분할 협의가 종료되지 않는 경우에는 이 특례를 적용할 수 없으며, 상기 경감을 적용받기 위해서는 상속세의 신고기한까지 그 택지를 소유하고 있어야 한다.

---

29 2018년 4월 1일 이후의 상속부터는 다음의 상속인은 제외 된다. ① 상속개시 전 3년 이내에 그 상속인의 3친 등 내의 친족 또는 그 자와 특별한 관계가 있는 법인이 소유하는 국내의 가옥에 거주한 적이 있는 경우 ② 상속개시 시 상속인이 거주하고 있는 가옥을 과거에 소유한 적이 있는 경우

30 2019년 4월 1일 이후의 상속부터 상속개시 전 3 년 이내에 사업용으로 사용했던 택지(단, 그 택지 등의 위에 사업용으로 사용하고 있는 감가상각자산의 가액이 그 택지 등의 상속 시 가액의 15% 이상인 경우 또는 2019년 4월 1일 이전부터 사업용으로 사용하고 있던 택지는 제외)는 적용되지 않는다.

31 2018년 4월 1일 이후의 상속부터 상속개시 전 3 년 이내에 임대사업용으로 사용한 택지(단, 상속개시 전 3 년을 초과하여 사업적 규모로 임대사업을 행한 자가 해당 임대사업용으로 사용하고 있는 것 또는 2018년 4월 1일 이전부터 임대사업용으로 사용한 택지는 제외)는 적용되지 않는다.

구분	상속한 친족의 요건	적용 대상 면적	감액 비율
특정 거주용 택지	①~⑤ 중 하나에 해당하는 경우 (피상속인이 거주용으로 사용했던 경우) ① 배우자가 취득한 경우 ② 피상속인과 동거하고 있던 친족이 취득하여 신고기한까지 계속해서 거주하고 있는 경우 ③ 피상속인에게 배우자 또는 동거하고 있던 법정 상속인이 없는 경우, 상속개시 전 3년 이내에 본인 또는 본인의 배우자가 소유한 가옥에 거주한 적이 없는 친족이 취득한 경우[29] (피상속인과 생계를 함께한 친족의 거주용으로 사용하고 있던 경우) ④ 배우자가 취득한 경우 ⑤ 피상속인과 생계를 함께했던 친족이 취득하여 상속개시 전부터 신고기한까지 자기 거주용으로 사용하고 있던 경우	330㎡	80%
특정 사업용 택지	① ② 중 어느 하나에 해당하는 경우[30] ①피상속인의 사업용으로 사용했던 경우로 피상속인의 사업을 계승하여 신고기한까지 계속하여 사업을 운영하는 친족이 취득한 경우 ② 피상속인과 생계를 함께했던 친족의 사업용으로 사용했던 경우로 취득자가 상속개시 전부터 신고기한까지 계속해서 그 사업을 운영하는 경우 ※ 부동산 임대업 이외의 사업	400㎡	80%
임대사업용 택지	① ② 중 어느 하나에 해당하는 경우[31] ① 피상속인의 부동산 임대사업용으로 사용하던 택지로 피상속인의 부동산임대업을 계승하여 신고기한까지 계속해서 임대사업을 운영하는 친족이 취득하는 경우 ② 피상속인과 생계를 함께한 친족의 부동산사업용으로 사용했던 택지로 그 생계를 함께한 친족이 취득하여 상속개시 전부터 신고기한까지 계속해서 자기의 임대사업을 운영하는 경우	200㎡	50%

10 | 증여세

증여세는 증여에 의해 재산을 받은 자에게 과세한다. 부동산 구입 자금을 증여받은 경우는 물론 토지나 건물 등의 부동산이나 자동차 등과 같은 자산을 무상으로 양도 받은 경우 증여세가 부과된다. 증여세를 과세 받은 자는 매년 1월 1일부터 12월 31일까지의 기간 동안에 증여 받은 재산의 합계액에 대해 다음 해 2월 1일~3월 15일까지 신고 및 납부를 하여야 한다.

1) 세액 계산

증여세 계산 :

과세가격 = 증여재산 가액 − 110만 엔 (기초공제) [32]

세액 = 과세가격 × 세율 - 공제액

2) 증여세율

① 18세 이상의 자가 직계존속으로부터 증여를 받은 경우

과세가격	세율	공제액
200만 엔 이하	10%	—
400만 엔 이하	15%	10만 엔
600만 엔 이하	20%	30만 엔
1,000만 엔 이하	30%	90만 엔
1,500만 엔 이하	40%	190만 엔
3,000만 엔 이하	45%	265만 엔
4,500만 엔 이하	50%	415만 엔
4,500만 엔 초과	55%	640만 엔

② 상기 이외

과세가격	세율	공제액
200만 엔 이하	10%	—
300만 엔 이하	15%	10만 엔
400만 엔 이하	20%	25만 엔
600만 엔 이하	30%	65만 엔
1,000만 엔 이하	40%	125만 엔
1,500만 엔 이하	45%	175만 엔
3,000만 엔 이하	50%	250만 엔
3,000만 엔 초과	55%	400만 엔

32 기초공제 : 연간 110만 엔 이내의 증여는 신고를 요하지 않는다.

토지 또는 건물을 증여하는 경우 그 가액은 원칙적으로 증여세 평가액이 된다. 증여세의 경우 소규모택지평가액의 특례가 적용되지 않는다.

3) 증여에 해당하는 행위

현금 또는 부동산 등의 증여라면 일반인도 알기 쉽지만 의외로 미처 알지 못하는 증여가 있다. 세무상으로 다음과 같은 행위는 증여에 해당한다.

① 현금 전달 없이 재산의 명의가 변경된 경우
남편이 자금을 출자했는데 부부 공동명의로 한 경우나 부모가 자금을 출자했는데 부모의 명의가 없는 경우 등.

② 친족의 이름을 빌려 재산을 취득한 경우
본인 명의가 아닌 부모 명의로 대출을 받아 부모 명의로 취득하고 대출금은 자신이 상환하고 있는 경우 등.

③ 빌린 돈을 면제 받은 경우
부모로부터 금전을 빌린 후 변제를 하지 않는 것으로 한 경우 등.

④ 상식적이지 않은 반환 조건으로 친족 등으로부터 돈을 빌린 경우
무이자 또는 상환 재촉을 하지 않는 조건 등 일반 은행 또는 금융기관의 조건과 차이가 큰 경우 등.

⑤ 시가보다 현저히 저렴한 가격으로 재산을 매입한 경우

부모로부터 시가 3,000만 엔의 맨션을 1,000만 엔에 매입한 경우 등.

4) 부부 간 증여의 특례

아내 내조의 공을 평가하여 마련된 특례가 증여세의 배우자 공제 특례이다. 이 특례에 의해 마이홈 또는 마이홈 구입 자금 중 2,000만 엔 (기초공제와 합하면 2,110만 엔) 까지는 무상으로 증여를 받을 수 있다.

세액 = (증여재산 가액 − 2,000만 엔 − 110만 엔) ×세율 − 공제액

▼ 적용요건

① 혼인 기간 20년 이상

혼인신고일로부터 20년 이상 경과했을 것. 내연 관계는 인정되지 않는다.

② 거주용 부동산이나 이를 취득하기 위한 금전

마이홈 또는 마이홈을 구입하기 위한 자금 중 하나에 해당할 것.

③ 증여를 받은 다음 해 3월 15일까지 거주하고 그 후로도 계속해서 거주할 예정일 것.

④ 평생에 1번만 적용

이 특례는 동일 배우자로부터의 증여에 대해 평생 한 번만 적용된다.

⑤ 신고 필요

증여세가 발생하지 않는 경우에도 증여세 신고를 해야 한다.

06

일본 부동산
투자 절차

1 | 법인설립

일본 부동산 매입 전체 흐름도 (개략적)

법인 설립	외환 신고	매입 부동산 선정	현장 답사	매수 의향서 제출	계약	대출 신청	잔금 지불	등기 신청	관리 회사 계약	등기 이전
3~4주	1주	2~3주	1주	매수의향서 제출 후 2~4주 내 계약 체결		1~2개월 소요		1~2주		

일본 부동산에 투자하기 위하여 법인을 반드시 설립하여야 하는 것은 아니다. 법인설립 없이 개인 명의의 투자도 가능하다.

개인 명의 비거주자 투자의 경우 부동산 취득과 매각 등은 일본 내국인과 차별 없이 진행할 수 있으나 은행 계좌개설 및 대출이 어려워 일본의 저금리 정책의 혜택을 온전히 받지 못하게 됨은 물론이고, 개인 소득세율과 법인세율의 차이로 개인 투자 시 수익률의 손해를 감수해야 할 수 있다.

개인과 법인 간의 소득세율과 법인세율의 차이는 제5장 일본 부동산 투자 조세 전략 편에서 서술한 바와 같으며, 이와 같이 법인은 부동산을 소유하며 소요되는 비용을 경비 처리할 수 있어 실제 납부해야 하는 소득세와 법인세의 차이로 인해 법인 형태의 부동산 투자가 투자수익의 장점으로 부각되는 것이다.

그럼 이번 장에서는 일본 부동산 투자를 위한 법인설립 절차에 대해 살펴보고자 한다.

1) 법인의 종류

법인의 종류 중 주식회사와 합동회사 두 종류만 소개하고자 한다. 물론 대부분의 법인설립 시 예전과 달리 자본금의 제한 장벽이 낮아져 법인설립이 수월한 것은 사실이다.

① 주식회사

주식을 발행하여 자금을 모으는 형태의 법인이다. 일본의 많은 기업이 주식회사의 형태이며, 일반적으로 생각하는 회사나 기업의 형태이자 사회적 지명도가 매우 높은 회사구성이다. 합동회사와의 큰 차이점은 주식을 발행해서 자금을 모을 수 있기 때문에 자금 조달 수단이 많다는 것이며, 대규모 경영을 하는 데 장점이 많다. 다만 설립비용이 합동회사에 비하여 많이 드는 편이다.

② 합동회사

2006년부터 새롭게 만들어진 회사 형태이다. 설립을 위한 절차가 간단하며 설립에 필요한 비용이 주식회사에 비해 저렴하고 개인도 손쉽게 설립할 수 있다는 장점이 있다. 정관인증비가 필요 없으며 법무국에서 설립등기 시에 필요한 등록면허세도 주식회사보다 저렴하다.

또한 매년 결산공고 의무가 없기 때문에 운영비용이 적게 들며 이익 배분 등의 경영 자율성도 높아 소규모 경영을 하는 기업에 맞는 형태의 법인이다. 설립 이후 경영 규모를 키우기 위한 이유 등으로 주식회사로 변경하는 것도 가능하다.

③ 어떤 형태의 법인이 좋을까

결국 이 책을 읽으며 일본의 부동산을 매입하고자 하는 독자들 중 은행의 대출 없이 자기자본 100%로 부동산을 매입하여 투자를 하고자 한다면 법인설립이 반드시 필요한 것은 아니다. 하지만 은행 대출을 통해 레버리지 투자를 목적으로 한다면 금융사의 대출이 수월하다고 할 수 있는 주식회사의 형태를 갖추는 것이 일반적이다.

2) 법인설립 절차(주식회사 설립을 중심으로)

① 회사 개요 및 기본사항 결정

i. 사명(상호) 결정

먼저 회사명을 결정한다. 주식회사○○○으로 할지 ○○○주식회사로 할지 선택해야 하며, 동일한 행정관할 내에 동일한 법인명은 불가하고 대기업 등의 사명을 사용하는 것도 불가하다.

ii. 회사의 목적 및 사업내용

회사의 목적과 사업내용은 설립 시 사업의 내용뿐만 아니라 향후 사업의 목적을 확장하는 경우를 생각하여 예상되는 사업내용도 추가하는 것이 좋다.

iii. 본점 주소지

회사의 주소를 결정한다. 사업의 종류에 따라 자택을 이용하는 경우도 있고, 임차목적물을 사업장 주소지로 하는 경우도 있겠으나 이 책의 독자들 중 일본 내 거소지를 갖고 있는 경우는 많지 않다고 볼 때 이는 별도의 절차가 필요할 수 있다는 정도에서 이해하면 될 듯하다.

iv. 임원 보수액

임원의 보수는 사원의 급여가 아니기 때문에 경비처리가 되지 않는다. 그렇기 때문에 설립 직후의 회사에 어느 정도 부담이 되는지 세제의 관점

등도 고려해서 금액을 결정할 필요가 있다.

v. 자본 금액

자본 금액은 1엔 이상이면 설립이 가능하다. 초기 법인설립 시 계좌개설 전까지는 적은 금액으로 법인설립 절차를 마친 후 법인계좌개설 후 직접 법인계좌로 외환 송금 처리하는 절차 시 증액 처리하는 방법을 추천한다. 다만 자본금 증액에 따른 별도의 등기 비용이 추가된다.

vi. 결산일

결산일을 결정한다. 4월에 회사를 설립한 경우 3월에 결산일을 설정하는 것이 일반적이다. 결산일은 법인설립 후라도 변경 가능하다.

vii. 인감 작성

등기 신청과 동시에 회사 대표 인감을 제출해야 하기 때문에 법인설립 시에 만들도록 한다.

② 정관작성

정관이란 회사의 개요에 대해 정리해 놓은 문서이다. 정관에는 5개의 절대적 기재 사항이 있으며 상대적 기재 사항도 함께 정리해 두어야 한다.

i. 사업목적

ii. 상호

iii. 본점 주소지

iv. 설립 시 출자할 재산의 가액 또는 그 최저액

법인설립 당시의 출자 최저액 또는 출자재산액을 기재한다. 이 시점에 반드시 확정할 필요는 없지만 주식 등기 신청 시에는 확정을 해야 한다.

v. 발기인의 이름 또는 명칭 및 주소

법인설립 절차의 당사자를 '발기인'이라고 하며, 정관에 성명 및 주소를 기재해야 한다. 단독 발기인으로 설립할 수도 있다.

vi. 발행 가능한 주식 총수

발행 가능한 주식의 총수는 상대적 기재 사항이지만 회사 설립이 이루어지는 동안 발기인 전원의 동의하에 정관에 추가 기재하여야 하기 때문에 실질적으로는 절대적 기재 사항이라 할 수 있다. 그렇기 때문에 절대적 기재 사항과 마찬가지로 정관작성 시 기재하도록 한다.

③ 정관인증

공증사무소에서 작성한 정관의 증명을 받도록 한다. 합동회사는 이 절차가 생략된다.

④ 자본금 납입

발기인이나 특정 임원의 은행 계좌에 자본금을 송금한다. 자본금이 확정되어 있는 경우에는 정관작성 전에 납입 해도 무방하다.

발기인이 1인인 경우에도 본인 명의의 새로운 계좌에 자본금을 송금해
야 한다. 복수의 발기인이나 출자자가 있는 경우에는 누군가 한 명의 계좌
에 송금하도록 한다. 그 후 회사 계좌가 개설되었다면 개인 명의에서 법인
명의로 변경하여 법인계좌가 된다.

⑤ 등기 서류 작성

정관 승인 후 등기를 위해 서류를 작성한다. 설립등기 신청에는 등기신청
서를 비롯한 다음과 같은 각종 서류가 필요하다.

- 등기신청서
- **등록면허세 수입인지를 첨부한 서류**
- 정관
- 임원 취임승낙서
- 납입 증명서
- 인감신고서

⑥ 등기 신청

자본금 납입 후 2 주내에 대표이사가 본점 소재지를 관할하는 법무국
에서 등기 신청을 한다. 등기가 완료되면 비로소 법인설립이 완료된 것이다.

이러한 법인설립 절차는 과정을 인식하는 정도면 충분하다. 결국 일본
내 법무사를 통해 모든 과정이 진행된다.

1) 회사의 계좌개설

법인설립 후 법인용 계좌를 개설한다. 회사의 등기부등본 등이 필요하기 때문에 법무국에서 발행해두도록 한다. 등기부등본은 다른 곳에서도 필요하기 때문에 여유 있게 발행해두는 것도 좋다.

2) 세무서 등에 신고

법인설립 후 2개월 이내에 법인설립 신고서를 관할 세무서, 도도부현세

사무소, 구정촌의 관공서에 제출해야 한다. 이때 동시에 청색신고서[33]도 제출하는 것이 좋다.

3) 사회보험 등

사회보험 및 건강보험, 산재보험, 고용보험 등 종업원이 있는 경우에는 각종 보험에 가입하여야 한다.

계좌개설은 전술한 바와 같이 개인 명의의 투자방식에서는 일본 내 계좌개설이 어렵고 법인설립 시 법인 명의의 계좌개설을 해야 한다. 물론 이 또한 일본 내 세무사 등의 도움을 받아야 하는 부분이다.

---

33 청색신고는 확정 신고의 하나로 소득세를 제대로 납세하기 위한 신고 납세 제도이다. 청색신고는 1월 1일부터 12월 31일까지 1년간 발생한 소득금액을 계산하기 위해 수입금액이나 필요경비에 관한 일일 거래현황을 기록한 복식 장부가 필요하다. 또한 이와 관련한 서류도 보관해 두어야 한다.

해외 직접 투자란 해외에 법인을 설립하는 등 직접적으로 경영, 생산, 기술개발 등으로 이어지는 투자를 말한다. 이는 국제간 장기 자본이동의 한 형태로 외국에 설립한 법인의 경영에 참가하기 위한 목적으로 해외 투자를 하는 것을 의미하며, 단순히 배당이나 이자, 차익실현을 목적으로 투자하는 해외 증권 투자와는 구별이 된다.

외국환거래법 제18조 및 동 시행령 제30조, 외국환거래규정 제9-5조 내지 제9-9조 및 제9-15조의 2에 근거하여 해외 직접 투자를 하기 위해서는 해외 투자 신고를 하여야 한다.

1) 해외 직접 투자 신고를 해야 하는 경우

① 외국법인의 경영에 참가하기 위하여 취득한 주식 또는 출자지분이 당해 외국법인의 발행주식 총수 또는 출자총액 10% 이상 투자하는 경우

② 투자비율이 10% 미만이더라도, 임원의 파견, 1년 이상의 원자재나 제품의 매매계약 체결, 기술제공·도입이나 공동연구개발, 해외건설 및 산업설비공사 수주계약 체결 등의 경우

③ 이미 투자한 외국법인의 주식 또는 출자지분을 추가로 취득하는 경우(증액투자)

④ 투자한 외국법인에 대한 상환기간 1년 이상의 금전대여인 경우(대부투자)

⑤ 해외 사업 활동 등과 관련하여 다음 자금 지급에 해당하는 경우
   - 거주자가 외국에서 법인 형태가 아닌 기업을 설치·운영하기 위한 자금의 지급
   - 해외 자원개발사업 또는 사회간접자본 개발사업을 위한 자금

2) 지정거래외국환은행

거주자가 해외 직접 투자를 하고자 하는 경우 지정거래외국환은행에 신고하여야 한다. 외국환은행이란 외국환거래법에 의해 허가를 받고 각 나라 사이의 송금 관련 업무를 진행하는 은행을 말하는데 국민은행, 신한은행,

하나은행 등 대부분의 시중은행이 그 역할을 수행하고 있다.

신고한 내용을 변경하고자 하는 경우에도 반드시 변경 신고를 하여야한다. 신고 또는 변경 신고 누락 등이 있는 경우 외국환거래법 위반사항에따라 과태료 부과, 거래정지 또는 국세청 통보 등 행정 처분 등이 수반될수 있으니 주의해야 한다.

단, 해외 이주 수속 중 이거나 영주권 등을 취득할 목적으로 지급하고자하는 개인 또는 개인사업자, 조세 체납자, 종합신용정보집중기관에 신용관리대상자로 등재된 자는 신고 대상에서 제외된다.

3) 필요서류

① 거래외국환은행지정신청서

② 해외직접투자신고서

③ 사업계획서

④ 투자자 신분증명 서류

    – 법인사업자 : 사업자등록증 사본, 납세증명서

    – 개인사업자 : 사업자등록증 사본, 납세증명서, 주민등록등본

    – 개인 : 납세증명서, 주민등록등본

    – 외국자본과 합작투자 : 합작계약서

⑤ 투자 내역 증빙서류

    – 현물 출자 : 현물출자명세표

- 주식 투자 : 회계법인의 주식평가에 관한 의견서

단, 위 필요서류 목록은 외국에 법인을 설립하고 대출실행을 위한 법인 명의 부동산 투자를 전제로 하는 것이기에 개인 직접 투자의 경우 별도 확인 바란다.

4) 신고 이후

해외 직접 투자는 해외 직접 투자 신고 이후에도 정기적으로 보고서나 서류 등을 기한 내 지정 은행에 제출하여야 한다.

사후관리 제출서류	제출 기한
외화증권(채권) 취득보고서 (법인, 개인기업 설립보고서 포함)	투자금납입 또는 대여자금 제공 후 6개월 이내
송금 또는 투자보고서	송금 또는 투자하는 즉시
연간 사업실적보고서	회계기간 종료 후 5개월 이내
해외직접투자사업 청산 및 대부채권 회수보고서	청산자금 영수 또는 원리금 회수 후 즉시

〈지침서식 제1-2호〉

거래외국환은행 지정(변경) 신청서

지정인 성명(상호) :　　　　　　　(인)　　주민등록번호(사업자등록번호) :
　　주　소 :　　　　　　　　　　　　　　전화번호 :
대리인 성명 :　　　　　　　　　(인)　　주민등록번호(사업자등록번호) :
　　주　소 :　　　　　　　　　　　　　　전화번호 :
(해외교포여신취급 국외금융기관명 :　　　　　　　　　　　　　　　　)
아래 항목에 대하여 귀행을 거래 외국환은행으로 지정(변경)하고자 하오니 확인하여 주시기 바랍
니다.

거 래 항 목	거 래 항 목
(　) 1. 거주자의 지급증빙서류 미제출 지급(연간 미화 5만불 이내 자본거래 신고예외 포함) (제4-3조제1항제1호, 제7-2조제8호) － 금년 중 송금누계액(변경전 거래외 국환은행의 확인) : US$	(　) 57. 해외교포 등에 대한 여신 관련 원리금 상환 보증, 담보제공(제7-18조제3항)
	(　) 59. 해외직접투자를 하고자 하는 자(제9-5조)
	(　) 61. 거주자의 해외예금(제7-11조제2항)
(　) 2. 해외체재비(제4-5조제2항)	(　) 62. 비거주자의 국내증권 발행 (제7장 제5절 제2관)
(　) 8. 외국인 또는 비거주자의 국내보수, 소득 또는 연금 등의 금액 지급 및 연간 미화5만불 이하의 지급(제4-4조제1항 제3호, 제2항)	(　) 63. 재외동포 국내재산반출(제4-7조)
	(　) 71. 거주자의 외화자금(외국인 투자기업의 단기 외화자금 포함) 차입 및 처분(제7-14조)
(　) 9. 거주자 등의 대북투자 (재경원고시 1995-23. 95.6.28)	(　) 72. 북한에 관광비용을 지급할 관광사업자 (재경부 고시 외관 41271-270.98.11.12)
(　) 13. 현지금융을 받고자 하는 자 등(제8-2조)	(　) 75. 해외이주비(제4-6조)
(　) 14. 해외지사 설치, 영업기금, 설치비, 유지 활동비 지급 및 사후관리(제9장제2절)	(　) 76. 거주자의 자금통합관리(제7-2조)
	(　) 77. 거주자의 원화자금 차입 및 차분(제7-15조)
(　) 16. 환전영업자(제3-2조제4항)	(　) 78. 거주자의 해외 부동산의 취득 및 매각 (제9-39조제2항)
(　) 32. 국내지사의 설치 영업자금 도입 및 영업수익 대외송금(제9장 제3절)	(　) 79. 거주자의 연간 미화5만불 이하 자본거래 영수 (제7-2조제9호)
(　) 33. 상호계산 실시업체(제5-5조)	
(　) 53. 거주자의 외화증권발행(제7-22조제2항)	

변경전 지정거래외국환은행의 경유확인:	은행　　　　장(인)

위 신청을 지정(변경지정) 확인함	지정확인번호	
은행부(점)장(인)	지 정 일 자	20　.

해 외 직 접 투 자 신 고 서(보고서)		처리기간	

신고인(보고인)	상 호		사업자등록번호	
			법인등록번호	
	대 표 자	(인)	주민등록번호	
	소 재 지		전화번호 :	
	업 종			

해외직접투자내용	투 자 국 명		소 재 지(영문)	
	투 자 방 법	□증권투자 □대부투자	자 금 조 달	□자기자금 □기타
	투 자 업 종 (표준산업분류코드)	( )	주 요 제 품	
	투자금액(취득가액)		출자금액(액면가액)	
	투 자 비 율		결 산 월	
	투 자 목 적			
	현 지 법 인 명(영문)		(총자본금 :)	
	사후관리 (증권/채권 취득보고)기일 통지 신청 ※개인 및 개인 사업자 限		□ SMS □ E-mail □ 미신청	

외국환거래법 제18조의 규정에 의거 위와 같이 신고(보고)합니다.

년   월   일

외국환은행의 장 귀하

위와 같이 신고(보고)되었음을 확인함	신 고 번 호	
	신 고 금 액	
	유 효 기 간	

피신고(보고)기관 : 외국환은행의 장

210mm×297mm

첨부서류〉 1. 사업계획서(자금조달 및 운영계획 포함)
2. 합작인 경우 당해 사업에 관한 계약서
3. 외국환거래법 시행령 제8조제1항제4호에 규정한 금전의 대여에 의한 해외직 투자인 경우에는 금전대차계약서
4. 해외투자수단이 해외주식인 경우,당해 해외주식의 가격적정성을 입증할 수 있는 서류
 ※ 업종은 통계청 한국표준산업분류표상 세세분류코드(5자리) 및 업종명을 기
 ※ 출자금액란에는 액면가액과 취득가액이 상이한 경우 액면가액을 기재

<지침서식 9-1호>

사업계획서

☐ 증권투자(1.신규투자 2.증액투자) ☐ 대부투자 ☐ 제재기관 보고후 사후신고

1. 투자자 현황

상호 또는 성명			설립 연월일		
소 재 지(주 소)					
투 자 자 규 모	☐ 대기업 ☐ 중소기업 ☐ 개인사업자 ☐ 개인 ☐ 기타(비영리단체 등)				
투자자 법인성격	☐ 실제영업법인		☐ 특수목적회사(SPC)[1]		
외국인투자기업[2] 여 부	☐ 아니오	☐ 예 - 최대주주명: - 최대주주 소속 국가 :		(지분율: %)[3]	
총 자 산		백만원	자기자본(자본금)	( )백만원	
업 종 (제 품)			담당자 및 연락처		

주) 1. SPC는 고용, 생산활동 및 물적 실체가 거의 없으며, 자산·부채는 타국에
    대한 또는 타국으로부터의 투자로 구성되고 해외직접투자자에 의해 관리되
    는 법인임
  2. 외국인투자기업은 외국투자자가 외국인투자촉진법에 의해 출자한 기업임
  3. 지분율이 50%를 초과할 경우 최대주주의 최대주주 소속국가:＿＿＿＿＿
    및 최대주주명:＿＿＿＿＿＿＿   (지분율: %)

2. 현지법인 현황

법 인 명		대 표 자		
법인형태	☐ 법인 ☐ 개인기업 ☐ 기타 ☐ 해외자원개발사업 (☐ 법인설립 ☐ 법인미설립)	설립(예정)일	년 월 일 ☐ 자본금 미납입	
총자본금		종업원수	한국인: 명, 현지인: 명	
투자형태[1]	☐ 단독투자 ☐ 공동투자 ☐ 합작투자(지분율: %)			
주투자자 내역	상호	사업자번호		
	대표자명	법인등록번호		
법인성격	☐ 실제 영업법인 ☐ 특수목적회사(SPC) -최종 투자목적국: -최종 투자업종:	설립형태	☐ 신설법인 설립 ☐ 기존법인 지분인수 -지분인수비율: % (구주: %, 신주: %)[2]	
지배구조	☐ 비지주회사 ☐ 지주회사(자회사수: 개, 주된 매출 자회사 업종:)			
투자목적 (택 일)	☐ 자원개발 ☐ 수출촉진 ☐ 보호무역타개 ☐ 저임활용 ☐ 선진기술 도입 ☐ 현지시장 진출 ☐ 제3국 진출			

주) 1. "공동투자"는 국내투자자와 공동으로 투자하는 경우를 말하며, "합작투

자"는 비거주자와 합작으로 투자하는 경우를 말함
2. 구주 및 신주 비율의 합은 지분인수비율임

3. 투자방법

① 지분투자

취 득 증 권	증권종류	주수	액면		취득가액	
			주당액면	합계	주당가액	합계
	취득가액이 액면과 상이할 경우 그 산출근거[1]					

주) 관련 증빙서류 필수 첨부

출자형태	①현금		②현물	
	③주식		④이익잉여금	
	⑤기술투자		⑥기타( )	
합 계				(①+②+③+④+⑤+⑥)

출자자명		출 자 전		금회출자		출 자 후	
		금액	비율(%)	금액	비율(%)	금액	비율(%)
한국 측 (①)							
현지 측 (②)							
제3국 (③)							
합 계(①+②+③)		100.0		100.0		100.0	

② 대부투자

대 부 액		자금용도	
이 율		기 간	
원금상환방법		이자징수방법	
대부자금 조달방법	자기자금		차 입 금	

4. 사업 개요 및 투자 필요성

5. 현지법인 자금조달 및 운용계획

(단위 : 미불)

자 금 운 용		자 금 조 달	
항 목	금 액	항 목	금 액
토 지 건 물 기계설비 운영자금		차 입 금 자 본 금	

※ 자금운용금액과 자금조달금액의 합은 일치하여야 함

해외직접투자 내용변경 신고(보고)서

☐ 현지법인 내용변경   ☐ 자(손자)회사 설립·증액·청산   ☐ 기 타

외국환은행장 귀하_____   20   .   .   .

신고(보고)인 상호 또는 성명_____ (인)

　　　　　　사업자(주민)번호_____

　　　　　　소재지 또는 주소_____ 전화_____

　　　　　　　　　　　　　　　　　　(담당자 직성명:)

변경대상   현지법인명 :

현지법인   최초신고번호 :   신고금액 :

--------------------------------(절 취 선) --------------------------------

아래와 같이 해외직접투자 내용변경을 신고(보고)합니다.

	변경전	변경후
1. 변경사항		
2. 변경사유 　(요 약)		

붙임서류 : 1. 당초 신고(보고)서 사본
　　　　　 2. 변경사유서
　　　　　 3. 자(손자)회사 설립시는 자(손자)회사 사업계획서
　　　　　 4. 기타 내용변경 신고(보고)시 필요한 서류

1.　　　　(20   .   .   .)과 관련됨.

신고번호	
신고일자	20 . . .

　　　　　　　　　　　　　　　　　　　　　　신고기관   (인)

매입 부동산 선정 및 현장답사 | 4

외환 신고와 더불어 매입 부동산 선정은 매수자의 노력과 고민이 수반되는 과정이다. 물론 전문가들의 조언과 도움이 필요한 것은 당연하겠지만 매수자가 직접 현장을 둘러보고 필자나 전문가들의 보고서를 엄밀히 검토하여 최종적인 결정을 하여야 한다.

간혹 마음에 둔 물건을 직접 현장을 방문하여 확인한 후 최종 매수 결정을 하여 매수의향서를 매도인 측에 전달하더라도 이미 며칠 사이에 계약이 체결되었거나 다른 매수 희망자의 매수의향서가 먼저 접수되어 금융권의 탁상감정이 진행 중인 경우가 발생하기도 한다.

매수자는 본인이 희망하는 지역의 용도, 가격, 수익률 및 투자가치 등에 따라 수십 개의 다음 예시 매물목록과 같은 자료들을 전달받는다. 그 목록들을 검토하고 직접 현장을 방문하여 부동산의 상태, 지역 및 상업적

상기 자료는 사진과 내용이 일치하지 않는 참고용임

가치 등을 판단한 후 최종 매수하고자 하는 부동산을 2~3개 정도로 압축하게 된다.

물론 한국과 달리 일본 부동산 거래 시 제공되는 서류는 위 매물 명세서, 시뮬레이션 차트 외에도 부동산의 종류에 따라 상이하기는 하나 통상 위치도, 지적도, 건축도면, 평면도, 임대차 내역서, 각종 공과금 납부내역서 및 경계석 사진 등 다양한 서류를 제공받게 된다.

収益ビル　【物件概要書】

物件所在	住居表示	東京都中央区日本橋浜町		
	地番			
交通		都営新宿線 浜町駅 徒歩6分		
土地	公簿面積	116.88㎡ (35.35坪)		
	実測面積	116.90㎡ (35.36坪)		
	地目・権利関係	宅地・所有権		
	道路	北西側 約11m　北東側 約6m		
建物	構造規模	鉄骨鉄筋コンクリート造陸屋根7階建		
	延床面積	565.89㎡ (171.18坪)		
	築年月	1992年 (平成4年) 10月	現況	賃貸中
法令制限	用途地域	商業地域	高度制限	
	建蔽率	80%	日影規制	
	容積率	500%	その他	人防町・浜町海岸地区地区計画 他
	防火指定	防火地域	都市計画	市街化区域
目安価格		4億5000万円		
引渡条件		相談		
備考		周辺想定利回り 5.20% 検査済証あり		

일본부동산 매입 시뮬레이션 차트

물건개요								
물건종류	수익형빌딩	물건명칭	하마쵸 빌딩	매입가격	450,000,000 円	환율	100 円 →	969.80 ₩
소재지	추오구 니혼바시하마쵸				4,364,100,000 ₩	금리	2.0%	
토지면적	116.88㎡ (35.35평)	건물면적	565.89㎡ (171.18평)	건축년도	1992			

임대현황								
총 임대호수	7	연간수입(엔)	23,422,104	연간지출(엔)	1,171,105	NOI(엔)	22,250,999	보증금(엔)	12,974,900	수익률	5.09 %

단위(엔)

감정평가액		대출									
		50%				60%			70%		
		대출금액	이자액	자기자본금	수익률(%)	대출금액	이자액	자기자본금	수익률(%)	대출금액	이자액	자기자본금	수익률(%)
70%	315,000,000	157,500,000	3,150,000	292,500,000	6.83	189,000,000	3,780,000	261,000,000	7.45	220,500,000	4,410,000	229,500,000	8.24
80%	360,000,000	180,000,000	3,600,000	270,000,000	7.26	216,000,000	4,320,000	234,000,000	8.11	252,000,000	5,040,000	198,000,000	9.30
90%	405,000,000	202,500,000	4,050,000	247,500,000	7.76	243,000,000	4,860,000	207,000,000	8.96	283,500,000	5,670,000	166,500,000	10.80

1. 상기 환율은 자료 작성일자를 기준으로 합니다.
2. 금리는 현지 은행의 상황에 따라 변동될 수 있습니다.
3. 해당 매물은 본 자료 작성 일자 기준 거래가능 매물임을 확인하였으나, 작성일 이후 일본 현지에서 거래가 완료될 수 있음을 양해부탁드립니다.
4. 연간지출액은 해당매물의 연간 고정지출액으로 공용전기, 수도요금 및 세금 등은 반영되지 않았음을 고지드립니다.
5. 상기 자료는 예상 수익률을 시뮬레이션한 자료로 실제와 다를 수 있으니 참고하시기 바랍니다.

상기 자료는 사진과 내용이 일치하지 않는 참고용임

PHOTO

PLAN · ELEVATION

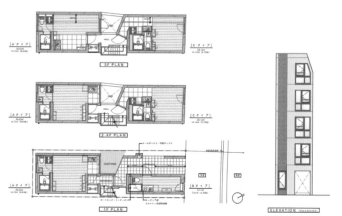

[A タイプ] / [C タイプ]
1F PLAN

[A タイプ] / [C タイプ]
2F PLAN

[A タイプ] / [B タイプ]
1F PLAN

ELEVATION (道路側立面図)

RENT ROLL

階	号室	賃貸状況	賃貸面積		タイプ	賃料	共益費	月額賃料・共益費/坪単価	契約開始日
			㎡	坪					
1F	101	賃貸中(個人)	20.03㎡	6.06坪	1R	¥72,000	¥4,000	¥76,000 @12,540	2022/10/14
	102	賃貸中(個人)	9.11㎡	2.76坪	1R	¥56,000	¥3,000	¥59,000 @21,400	2022/10/18
2F	201	賃貸中(個人)	20.03㎡	6.06坪	1R	¥76,000	¥4,000	¥80,000 @13,200	2021/10/14
	202	賃貸中(個人)	20.13㎡	6.09坪	1R	¥76,000	¥4,000	¥82,000 @13,460	2021/11/4
3F	301	賃貸中(個人)	20.03㎡	6.06坪	1R	¥77,000	¥4,000	¥81,000 @13,360	2021/4/24
	302	賃貸中(個人)	20.13㎡	6.09坪	1R	¥78,000	¥4,000	¥83,000 @13,630	2022/12/12
4F	401	賃貸中(個人)	20.03㎡	6.06坪	1R	¥78,000	¥4,000	¥82,000 @13,530	2022/4/15
	402	賃貸中(個人)	20.13㎡	6.09坪	1R	¥78,000	¥4,000	¥82,000 @13,460	2021/7/1
5F	501	賃貸中(個人)	20.03㎡	6.06坪	1R	¥75,080	¥4,000	¥79,000 @13,030	2022/9/15
	502	賃貸中(個人)	20.13㎡	6.09坪	1R	¥75,000	¥4,000	¥79,000 @12,970	2022/6/17
合計			189.78㎡	57.42坪		¥744,000	¥39,000	¥783,000 @13,640	

	内訳	金額	備考
年間収入(A)	賃料	9,396,000円/年	
	合計	9,396,000円/年	【共益費込み】4.43%
年間支出(B)	固都税	453,800円/年	令和4年度実績
	水道光熱費	51,600円/年(税込み)	概算(上下水道1,500円/月、電気2,800円/月)
	火災保険料	33,310円/年	令和4年実績
	BM費(清掃等)・PM費	571,824円/年(税込み)	清掃費13,200円/月(税込み)、PM費:賃料の4.4%(税込み)
	合計	1,110,534円/年(b)	
NOI(A−B)		8,285,466円/年(A−b)	D表NOI利回り3.91%

5 | 매수의향서 제출 및 탁상감정

　매수자는 압축한 2~3개의 매물목록의 순위를 정하고 그 순위에 따라 순차적으로 매수의향서를 매도인 측에 전달한다.

　간혹 며칠 사이 매물의 계약이 이미 체결되는 경우가 발생하기에 이를 염두에 두고 최종 목록을 2~3개로 압축하고 순차적으로 매도인에게 매수의향서를 제안하게 되는 것이다.

　매수자가 압축한 2~3개의 매물은 아직 거래가 유효하여 매수의향서 제출에 이상이 없음이 확인되면 금융권에 탁상감정을 의뢰한다. 이때 대출 규모가 확정되는 것은 아니지만 대략적인 대출금액이 제공된다.

　다만 이는 정식으로 대출을 신청할 때 투자자의 한국 내 보유하고 있는 자산 및 신용도에 따라 대출금액, 금리 및 대출 기간 등에 차이가 발생할 수 있다.

買 付 証 明 書

平成　年　月　日

売　主　殿

住所：_____

氏名：_____印

　私は、貴殿ご所有の下記表示不動産（土地・建物）を下記の条件にて買い受けたく、本書をもっ
てお願い申し上げます。

1. 買付金額　　　　金_____円也とする。

2. 支払方法
　　手付金　　　　金_____円也とする。

　　最終金　　　　金_____円也とする。

3. 買付条件
　　融資特約　　　　有 ・ 無
　　契約締結日、その他に取引条件は別途協議させていただきます。

4. 有効期限　　　　本書の有効期限は 平成　年　月　日 までとする。

　　　　　　　　　　　　　　　　　　　　　　　　　　　　以上

不動産の表示

【土地】所　在 ：
　　　　地　積 ：　　　㎡

【建物】名　称 ：
　　　　所　在 ：
　　　　構　造 ：
　　　　延床面積 ：　　　㎡

6 매매계약

매수하고자 하는 부동산이 정해지고 금융권의 탁상감정 결과도 제공받았다면 매도인 측과 시일을 조율하여 계약을 체결하게 된다.

다만 계약일에는 계약문서의 확인, 첨부서류 제출, 날인 및 계약금 송금 정도의 과정을 마무리할 뿐이다. 실제 중요한 과정은 계약일이 아닌 계약일 이전의 계약서 작성 및 수정 과정이다.

한국의 부동산 매매계약서는 계약서 1장과 중개대상물확인설명서 3장이 일반적이다.

일본은 특약사항의 양에 따라 차이가 있겠으나 통상 부동산 매매계약서 10~15매, 중요사항설명서 18~25매 정도의 계약서가 일반적이다. 그 내용은 상호 분쟁의 소지를 방지할 목적으로 세세하고 방대하다.

부동산매매계약서

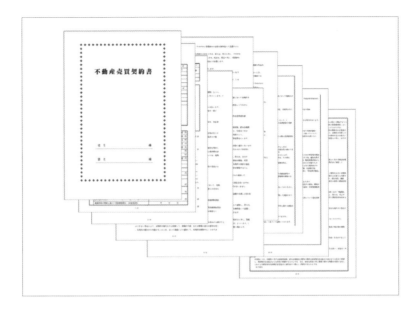

중요사항설명서

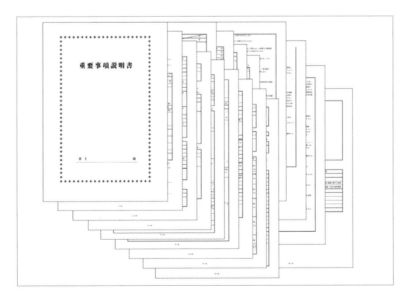

총 30~40매가량의 계약서와 중요사항설명서의 모든 내용은 일본어로 작성되고 이는 다시 한국어로 번역된 후 매수자에게 제공된다. 문구 하나하나를 검토한 후 수정하고 변경하여 다시 일본어로 작성하는 과정을 거쳐 최종 계약서가 완성된다.

 계약 당일은 사전에 확인 및 확정된 계약문서에 날인하고 계약금을 송금하는 등 부수적인 과정만을 진행할 수 있도록 매매계약서, 중요사항설명서 및 기타 필요서류 등은 출국 전 완비해야 함을 명심해야 한다.

매매계약이 체결되면 매매계약서를 첨부하여 일본 내 은행에 정식으로 대출신청서를 제출한다.

물론 전술한 바와 같이 매매계약 체결 전 지정 은행에 탁상감정을 의뢰하여 대략적인 대출금액을 확인한 후에 매매계약을 체결하는 것이지만 체결된 매매계약서를 첨부하여 정식으로 감정 및 대출신청을 하게 된다. 통상 매매 물건을 기준으로 감정가를 결정하고 동 감정가의 50~70% 정도의 대출이 실행되는 것이 일반적이다. 다만 이는 매수자가 한국 내 자산, 수입 및 신용도와 관련한 모든 서류를 첨부하고 이를 토대로 최종적인 대출금액이 정해지는데 한국 내 자산이 많고 신용도가 높다면 당연히 대출금액도 많아지고 적용 금리도 유리한 조건으로 대출받을 수 있다.

금리는 1.5~2.5% 정도가 최근의 일반적인 대출 금리이다. 이는 위 조건들과 더불어 대출 기간에 따라 다소 차이가 발생할 수 있다. 되도록 장기대출을 신청하는 것이 부동산 투자의 수익면에서 유리하다.

2023년 4월 기준 한국의 4대 시중은행 담보대출 금리는 5.04~5.76%에서 시작되니 일반적으로 약 6% 정도가 제1금융권 시중은행의 금리 수준이라고 보면 될 것 같다. 일본은 한국 대비 1/3~1/4 수준이라 할 것이다.

계약체결일 이후 통상 1개월 이내 잔금일을 지정한다. 은행대출 실행 일자와 일본 법무사 일정 등을 조율하고 계약당사자 모두 모여 매각부동산의 차임, 보증금 및 기타 수입금 등을 상계 후 정산된 잔금을 지불하고 최종적으로 기타 매매계약의 부속서류 등을 전달 받는 것으로 잔금일 일정을 마치게 된다.

물론 이 과정도 계약체결 시와 동일하게 잔금일 이전에 상계금, 세금 등 모든 금원 정산을 확인하고 이를 문서로 준비한 상태에서 당일엔 확인 및 날인 하는 것으로 끝닐 수 있도록 미리 준비가 완벽하여야 한다.

잔금 지급 및 기타 서류 등의 전달이 완료되면 동석한 일본 법무사가 기타 요구서류들을 확인한 후 당일 또는 다음 날에 소유권 등기이전신청을 하게 된다. 1~2주 후면 내 명의의 부동산등기사항전부증명서를 받아볼 수 있다.

東京都特別区南都町1丁目3-1-101 　　　　　全部事項証明書 　　　　（建物）

専有部分の家屋番号	3-1-101　3-1-102　3-1-201　3-1-202

表 題 部	（一棟の建物の表示）	調製	余白		所在図番号	余白

所　　在	特別区南都町一丁目　3番地1	余白	
建物の名称	ひばりが丘一号館	余白	

① 構　　造	② 床　面　積　㎡	原因及びその日付〔登記の日付〕
鉄筋コンクリート造陸屋根2階建	1階　　300：60 2階　　300：40	〔令和1年5月7日〕

表 題 部	（敷地権の目的である土地の表示）

①土地の符号	② 所 在 及 び 地 番	③地 目	④ 地　積　㎡	登 記 の 日 付
1	特別区南都町一丁目3番1	宅地	350：76	令和1年5月7日

表 題 部	（専有部分の建物の表示）	不動産番号	0000000000000

家屋番号	特別区南都町一丁目　3番1の101	余白	
建物の名称	R10	余白	

① 種　類	② 構　　造	③ 床　面　積　㎡	原因及びその日付〔登記の日付〕
居宅	鉄筋コンクリート造1階建	1階部分　　150：42	令和1年5月1日新築 〔令和1年5月7日〕

表 題 部	（敷地権の表示）

①土地の符号	② 敷地権の種類	③ 敷 地 権 の 割 合	原因及びその日付〔登記の日付〕
1	所有権	4分の1	令和1年5月1日敷地権 〔令和1年5月7日〕

所 有 者	特別区東都町一丁目2番3号　株式会社甲不動産

権 利 部 （甲 区）	（所 有 権 に 関 す る 事 項）

順位番号	登 記 の 目 的	受付年月日・受付番号	権 利 者 そ の 他 の 事 項
1	所有権保存	令和1年5月7日 第771号	原因　令和1年5月7日売買 所有者　特別区南都町一丁目1番1号 　　甲 野 一 郎

権 利 部 （乙 区）	（所 有 権 以 外 の 権 利 に 関 す る 事 項）

順位番号	登 記 の 目 的	受付年月日・受付番号	権 利 者 そ の 他 の 事 項
1	抵当権設定	令和1年5月7日 第772号	原因　令和1年5月7日金銭消費貸借同日設定 債権額　金4，000万円 利息　年2・60％（年365日日割計算） 損害金　年14・5％（年365日日割計算） 債務者　特別区南都町一丁目1番1号 　　甲 野 一 郎 抵当権者　特別区北都町三丁目3番3号 　　株 式 会 社 南 北 銀 行

*　下線のあるものは抹消事項であることを示す。 　　　　整理番号　D12445　（3／3）　　1／2

198

順位番号	登 記 の 目 的	受付年月日・受付番号	権 利 者 そ の 他 の 事 項
			（取扱店　北都支店）

これは登記記録に記録されている事項の全部を証明した書面である。

令和2年1月14日
関東法務局特別出張所　　　　　　　　登記官　　　　　　　　法　務　八　郎

＊　下線のあるものは抹消事項であることを示す。　　　　整理番号　D12445　（3/3）　　2/2

9 관리회사 계약

일반적으로 잔금일에 잔금 지급 및 제반 서류 전달 등이 마무리되면 바로 건물관리 및 임대관리회사와의 계약을 체결하게 된다. 물론 이 또한 한국에서 출국 전 일정과 계약 내용 등을 사전에 확인하고 결정하는 과정이 필수적이다.

건물관리BM와 임대관리PM를 분리하여 각 상이한 회사와 계약을 체결할 수는 있으나 일반적으로 대형건물이 아닌 경우 건물관리와 임대관리는 하나의 관리회사에서 동시에 업무를 진행하고 있고, 이 또한 매수자가 부동산을 관리하기에 용이한 면이 있어 한 회사와 건물관리 및 임대관리계약을 체결하는 것을 추천한다.

다만 건물관리와 임대관리는 그 업무영역이 달라 각각의 계약서를 체결한다.

매수한 부동산의 기존 관리회사에 특별한 하자나 문제가 없다면 계약을 승계하는 것도 좋다. 이미 기존 관리회사는 매수부동산에 대한 대체적인 사정을 알고 있기에 관리가 수월하며 기존 임차인들과의 관계가 지속되고 있기 때문에 이런 사정 등을 고려한다면 기존 관리회사와의 관리계약 체결이 우선은 도움이 된다.

건물관리^{BM}계약서

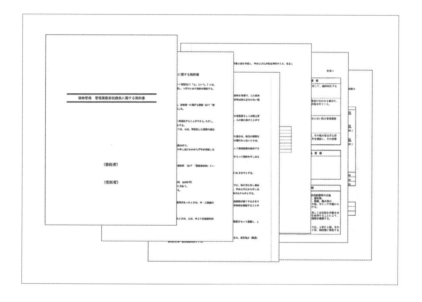

임대관리^{PM}계약서

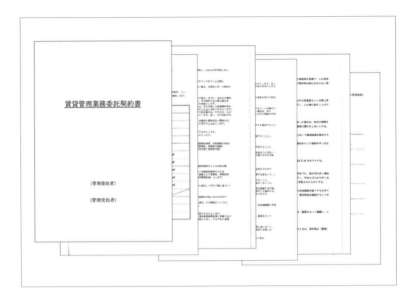

그런데도 관리회사 교체가 고민된다면 소유부동산의 관리체계 및 보고 내용 등을 수개월 간 경험한 후 추후 관리회사를 교체할지를 판단하는 것도 좋다.

매매계약에 기한 잔금 지급, 소유권이전등기 및 건물&임대관리계약 체결을 마치면 이제야 비로소 매수자는 일본 도쿄 부동산의 주인이 된 것이다.

일본 부동산
관리

1 일본 부동산 관리 운영

한국과 다르게 일본은 부동산매매계약에 따른 소유권이전등기를 경료하는 시점에 임대관리PM 및 시설관리BM 회사와의 관리위탁계약을 체결하는 것이 당연한 것으로 인식되고 있다. 이러한 관리시스템의 정착이 사용연한이 지난 물건이라 하더라도 관리상태가 양호하도록 유지할 수 있는 비결이라고 할 수 있다. 특히 한국에 거주하며 일본 부동산을 관리하기 어려운 비거주자에게는 더없이 좋은 시스템이다.

한국은 일반적으로 수익형 건물 중 1동 형태의 꼬마빌딩을 소유하고 있는 경우 관리회사의 위탁계약은 전무한 상태이고 집합건물, 즉 아파트나 오피스텔 또는 대형 오피스건물에서야 경비관리, 시설관리 및 청소미화 등을 운영하는 건물관리용역회사의 관리를 받는다.

이에 비해 일본은 1동 형태의 꼬마빌딩도 시설관리업체의 서비스를 통해 수시로 하자 여부를 체크하고 공사가 필요한 경우 임대인에게 보고하여 공사를 진행하는 등의 일상적인 관리·운영 시스템이 유지되고 있다.

더불어 임대관리회사는 임차인의 임대료체납 여부 및 임차인들의 민원을 확인하고 이를 해결하는 역할도 한다.

이에 물건을 취득할 때 관리회사를 선정하는 것은 물건을 고르는 것만큼 중요하다. 관리회사를 선정할 때 만약 기존 관리회사가 해당 물건을 문제없이 운영하고 있다면 별도로 변경할 필요는 없다. 기존 관리회사에 의해 잘 운영되고 있는 상황에서 관리회사를 바꿈으로 인해 오히려 경영이 나빠질 수도 있다. 스스로 관리회사를 선택하고자 하는 투자자도 있는데 문제가 없다면 바꾸지 않는 것이 원칙이다. 물건을 취득한 후 운영 상황이 나빠진다면 그때 관리회사를 변경해도 늦지 않다.

2 | 부동산관리회사란

1) 부동산관리회사의 종류

부동산관리는 크게 BM/PM/AM으로 나눌 수 있다.

BM Building Management : 건물의 물리적인 시설관리 담당(건물 자체의 유지보수 등)

PM Property Management : 부동산의 내부 임차관리를 주로 담당(임대료 책정 등)

AM Asset Management : 부동산 관리의 금융적인 부분을 담당(투자 및 매입매각 등)

그러나 우리가 일본 부동산 투자를 하며 활용하는 부동산 관리 영역은
BM(또는 FM : Facility Management)과 PM부분이 될 것이다. BM과 FM의 개

념은 엄밀히 따지자면 다르지만, 대형건물이 아닌 경우 BM 및 FM은 같은 개념으로 운영된다고 보면 된다.

한국은 규모가 큰 부동산관리업체에서 대형건물을 전문적으로 관리·운영하고 있고, 중소 건물관리회사는 아파트, 오피스텔 등 공동주택 등을 관리·운영하고 있는 정도이다. 대부분의 소형 수익형 건물의 관리는 관리자가 전무 하거나 건물주의 지인이 일시 상주하는 정도에 그치는 것이 대부분이다.

일본과 달리 한국은 아직 건물관리를 전문 업체에게 맡긴다는 것이 일상화되지 않았을 뿐만 아니라 인식조차 없는 실정이다.

일본의 경우도 본인 소유의 부동산을 본인이 직접 관리·운영하는 경우도 있지만 대부분의 경우 전문 관리 업체에 위탁하게 된다. 부동산관리회사에 대한 인식 및 접근이 한국보다 훨씬 보편화되어 있기 때문이다.

2) 입주자 관리 Property Management

부동산관리회사에 위탁하게 되면 입주자의 입주부터 퇴거까지 일련의 모든 업무를 대행해준다. 예를 들면 월세를 받는 일부터 체납이 된 경우의 대응, 입주자의 민원 대응, 건물관리까지 모두 부동산관리회사에서 맡아준다.

'입주자 관리' 업무는 ① 입주자의 임대료 관리 및 민원 응대, ② 계약 갱신 및 해지 등의 계약기간 종료 전후 관리, ③ 임대료 수수 대행, 임대료체납 대응, 임대보증[34], 계약갱신업무 등이 주가 된다.

3) 건물관리|Building Management

일상적인 업무 및 퇴실에 관련된 업무는 물론 그 외 장기적인 업무가 건물관리의 주요 업무에 해당한다.

건물관리는 크게 세 가지로 나눌 수 있다.

① 일상적인 업무 : 정기적으로 인력을 파견하여 청소 등의 관리가 이루어진다.

② 퇴실 관련 업무 : 해당 부동산 퇴실 후 청소 또는 수선, 수리 등의 업무가 이루어진다.

③ 그 외 장기적인 업무 : 해당 부동산의 가격이 내려가지 않도록 관리가 이루어진다.

> ▷ 적절한 시기에 적정한 보수 공사
>
> ▷ 장기적인 수선 계획에 필요한 예산 계획 등
>
> ▷ 장기간 임대를 할 경우 건물의 노후화 대책 등

일본 부동산을 매입할 경우 고려해야 할 중요한 부분 중 하나가 바로 부동산관리회사의 선택이다.

---

34 입주자가 정해진 보증료를 지불하고 입주자의 임대료 또는 관리비, 주차장 이용료 등 주거용 임대료 채무를 보증회사가 채무보증을 해주는 서비스이다.

매수자가 한국에 거주하며 언어도 자유롭지 않은 상태에서 일일이 임차인을 관리를 할 수 없다는 단점을 극복하기 위해서는 비거주 외국인 매수자를 케어할 수 있는 관리업체인지를 반드시 확인해야 한다.

부동산관리회사의 업무 범위는 매우 광범위해서 업무의 범위를 어디까지 위탁할지에 따라 부동산의 관리 상황이나 장기적인 부동산 자산 가치 등이 크게 좌우되기 때문에 신중을 기한 선택이 되어야 할 것이다.

3 수익 물건 운용에 필요한 보험

보험은 만일의 경우를 대비하는 리스크매니지먼트다.

먼저, 당연히 화재보험에 가입해야 한다. 화재라는 리스크는 어떤 물건에도 해당하는 것이다.

다음으로 지진보험도 필요하다. 지진이 발생하기 쉬운 지역과 그렇지 않은 지역이 있기는 하지만 기본적으로는 가입을 하는 것이 좋다. 또한 지진에 의한 해일 피해에 대해서도 보상받을 수 있다. 다만 지진에 관하여 그리 큰 걱정을 할 정도는 아닌 것이 일본 대부분의 건물은 내진설계가 되어 있어 도쿄 등 대도시의 건물들이 지진으로 붕괴되는 경우는 흔치 않은 일이다.

그리고 또 하나 가입해 두어야 할 것이 시설 배상 책임보험이다. 예를 들어 강풍으로 인해 건물의 간판이 떨어져 보행자가 상해를 입거나, 욕조의 바닥면이 깨져서 상해를 입는 등 사고가 발생할 수 있다. 특히 가장 많은 사례가 위층의 누수로 인해 1층 상가의 영업이 불가하여 그에 대한 영업 보상을 요구하는 경우이다. 이런 경우 보상금액이 고액인 경우가 많다. 이처럼 물건이 원인이 되어 사람이나 사물에 손해를 입히게 된 경우에 적용하는 것이 시설 배상 책임보험이다. 납입금도 저렴하여 임대인이라면 반드시 가입할 것을 추천하는 보험이다.

화재보험은 화재나 지진에 의한 손해만 보상하는 것이 아니다. 풍수해에 의한 피해나 도난, 누수, 돌발적인 사고에 의한 파손 및 오손 등에도 폭넓게 대응하고 있다.

특약으로 '전기적·기계적 설비' 보상을 추가하는 경우 수익물건에 부속되어 있는 전기적·기계적 설비에 대한 보상도 가능하다. 에어컨, 급탕기 등의 설비 외에도 수리비가 고액인 엘리베이터나 수도 펌프 등의 고장 내용에 따라 보상받을 수 있다. 설비류의 돌발적인 고장은 수익물건의 운용을 악화시키는 큰 리스크이다. 그러나 보험으로 커버함으로써 경영을 안정화할 수 있다.

또한 수익물건의 임대인용으로 상품화된 보험도 있다. 화재 등으로 인해 물건을 임대할 수 없는 상태인 경우에 대비해 옵션으로 임대 보상으로 추가할 수도 있다. 보상 내용이나 상품은 보험회사에 따라 다르므로 꼼꼼히 비교 검토한 후 가입하도록 한다.

어느 보험사(관리회사)의 상품에 가입하느냐도 중요하다. 아무리 보험에 가입되어 있다고 해도 막상 지진이나 화재가 발생했을 때 보험금이 지급되지 않으면 의미가 없다. 그렇기 때문에 보상이 용이한 보험회사의 보험을 선택하는 것이 중요하다.

4 | 보증인과 임대료 보증회사

일본에는 한국의 전세 제도가 존재하지 않는다. 일본은 물론 한국을 제외한 대부분의 국가에는 존재하지 않는 것이 전세 제도이다. 일본의 경우 부동산에 입주를 하기 위해서는 임대차 계약 시 임차인의 보증인이 필요하다. 보증인을 구하기 어려운 경우 임대료 보증회사를 이용하기도 한다.

임대료의 연체는 보증회사에 가입함으로써 방지할 수 있다. 일본에서는 임대 주택에 입주할 때 연대보증인을 요구하는 것이 일반적이다. 그러나 저출산 고령화로 인해 부모가 연금 생활을 하는 고령자인 경우 연대보증인으로서의 역할을 할 수 없거나 보증인을 부탁할 부모나 형제가 없는 경우도 늘고 있다. 또한 도시를 중심으로 가족관계도 희박해지면서 연대보증인 자체가 예전의 의미와는 많이 달라지기도 했다.

그렇기 때문에 계약할 때 보증인이 아닌 임대료 보증회사를 이용하는 경우가 늘고 있다.

보증회사에 가입하기 위한 보험료는 1개월 분 임대료의 30~60% 정도가 일반적이다. 점포나 사무소의 경우 100%인 경우도 있다. 이 보험료는 입주자가 부담한다. 갱신 시에도 입주자가 일정 금액을 지불함으로써 체납이 발생한 경우 임대료 등을 보증회사가 입주자를 대신하여 부담하는 구조이다.

신축 물건이 아닌 기존 부동산을 오너 체인지로 구입하면 보증회사에 가입해 있지 않은 경우가 대부분인데 이런 경우에도 기존의 입주자를 보증회사에 가입시키는 것이 가능하기는 하다. 다만 입주자가 아닌 임대인이 비용을 부담하는 것이 일반적이다. 그렇다고 해도 보증회사에 가입하는 것을 추천한다.

서비스 내용을 전부 포함하면 임대료뿐만 아니라 갱신료, 퇴실 부담금, 강제집행의 재판비용, 전기 및 수도 요금까지도 커버할 수 있도록 되어있다. 단, 이는 보증회사와 관리회사의 힘의 관계에 의해 결정된다. 보증회사 입장에서 보면 관리회사는 자사의 상품(보증)을 판매해주는 대리점 역할을 한다. 계약이 많은 관리회사일수록 우대가 좋고 보증 내용도 더 신경 써 준다.

임대료가 한번 체납되기 시작하면 회수하기 매우 어렵다. 어떻게 하면 체납하지 않는 구조로 만들 것인가가 수익물건을 운용하는 데 있어 중요한 포인트이다. 아무리 만실이라 해도 회수가 되지 않으면 수입은 얻을 수 없다. 이 점에서 입주율보다 더 중요한 것이 회수율이라고 할 수 있으며, 앞으로 그 중요도는 더 높아질 것이다. 이런 점에서도 보증회사는 중요한 존재이며 이런 보증회사와의 창구가 되는 관리회사의 역할도 매우 중요하다 할 수 있다.

5 입주자 민원 관리

입주 연수를 길게 가져가는 것은 부동산 경영에 있어 필수이다. 수익 물건을 운용함에 있어 공실을 최소화하기 위한 대응책과 마찬가지로 어떻게 하면 공실이 발생하지 않도록 할 수 있는가 또는 퇴거를 줄일 수 있는가에 대한 예방책이 중요하다. 신규 입주자의 모집 방법을 고려함과 동시에 어떻게 하면 공실의 발생을 막을 수 있을지 고민이 필요하다.

이는 건물관리BM와 임대관리PM 회사의 운영 능력에 따른다고 보아야 한다. 특히 비거주자로서 일본 부동산을 매입하여 운영하는 경우라면 임대관리 및 시설관리 전문회사의 존재는 더없이 소중하다.

한국에 거주하며 일본 부동산을 관리하는 것은 어려운 일이다. 이에 전적으로 임대관리회사 및 시설관리회사의 역할에 의존해야 하는 것은 사실이지만 대략적인 관리 사항에 관하여는 임대인인 독자도 알고 있으면 좋을 듯하다.

민원은 기본적으로 상품의 불량 때문에 발생한다. 임대인 입장에서 상품은 부동산이다. 누수가 있거나, 원상복구가 제대로 되어 있지 않거나, 공용시설이 청결하지 못한 것 등 상품이 완전하지 않은 상태로 존재한다면 입주자의 민원이 발생하게 되는 것이다. 즉, 완전한 상태에서의 임대는 비싸고 고급스러운 내부 상태를 유지하여야 한다는 것이 아니라 임대료 수준에 부합하는 온전한 상태를 말하는 것이다.

입주자로부터의 민원은 단순히 입주자의 문제에 국한되지 않고 향후 물건 운영에 커다란 악영향을 불러올 수 있다.

민원이 발생하지 않도록 하는 것이 최선이겠지만, 그럼에도 민원이 발생하는 것이 현실이다. 그렇기 때문에 민원이 발생했을 경우의 대응 체계가 중요하다. 민원이 발생했을 때 늦은 대응으로 인해 2차 민원이 발생하고 그로 인해 퇴실까지 이어진 사례도 적지 않다.

보통 운영 부동산에 민원이 발생하면 관리회사는 임대인에게 견적서를 보내 허가를 받고 이후 수리를 하는 것이 일반적인 절차이다. 그러나 이는 민원 해결에 있어 시간이 경과하는 단점이 있어 정액제의 무배당보험 등을 통해 임대인이 매월 일정 금액을 지불하면 개별공사에 대하여 임대인이 비용을 부담할 필요가 없는 방법도 있다.

이처럼 먼저 민원이 발생하지 않는 구조를 만들고, 그런데도 발생하는 민원에 대해서는 그 자리에서 신속하게 해결하는 구조를 만드는 것이 중요하다. 이는 입주자의 만족도를 높이는 일이고 불만 사항을 최소화하여 입주자가 오래 거주할 수 있도록 하는 것이 임대인의 수익과 직결되는 것이다. 이는 관리회사와의 원활한 업무 연계 및 협조가 필수적이다.

6 | 적절한 리폼과 원상회복

임대 경영을 하다 보면 입주와 퇴거를 할 때마다 원상회복 비용이 발생한다. 경우에 따라서는 대규모 리폼이 필요하기도 하다. 비용을 투자하면 깨끗하고 보기에도 좋겠지만 그만큼 수익에 영향을 미치게 된다.

수익 물건의 리폼은 비용 대비 효과를 고려하는 것이 기본이다. 이것이 자택이나 실수요 부동산과 크게 다른 점이다. 수익 물건은 어디까지나 투자이기 때문에 그 공사로 인해 얼마만큼의 효과를 얻을 수 있는가가 중요한 원칙이라 할 것이다.

구체적으로는 불량이 있는 부분을 정상적으로 만드는 '복구공사'와 물건의 가치 향상을 목적으로 한 '업그레이드 공사'로 나눌 수 있다.

간단한 예로 복구공사는 수도관에서 누수가 생기거나 방충망이 훼손된 것을 수선하는 것이다. 좀 더 큰 규모로 외벽의 타일이 벗겨져서 떨어지기 직전인 상태를 그대로 두면 입주자나 통행인이 다칠 수 있는 경우 이를 복구하는 공사이다. 즉, 해당 공사의 진행 여부를 판단하는 것이 아니라 공사를 하지 않으면 물건을 운영할 수 없는 경우에 하는 것이 복구공사이다. 단, 복구공사의 경우에도 비용 대비 효과를 고려하는 것이 중요하다.

한편 업그레이드 공사는 복구공사와 달리 반드시 해야 하는 공사가 아니기에 비용 대비 효과를 고려하는 것이 우선이다.

예를 들어 주방을 바꾼다고 했을 때 지금 상태 그대로 두는 것과 교환 후 발생하는 이익을 비교하여 그 결과에 따라 판단해야 한다. 임대료 인상 등에 효과가 없다면 무의미한 지출이 된다. 공사를 할 때는 먼저 해당 공사가 복구공사인지 업그레이드 공사인지 파악한 후 실행하는 것이 중요하다. 물론 양자 모두 포함하는 경우나 명확하게 선을 긋기 어려운 공사도 있겠지만 리폼을 하는 데 있어 기본적인 사고임을 인식하도록 한다.

우리는 대부분 물건의 관리를 관리회사에 맡기게 된다. 그러나 비용 대비 효과(=수익률)에 대한 인식이 없는 관리회사에 의해 불필요한 리폼 공사를 하게 된다면 임대인의 수익에 손실이 나기 때문에 주의해야 한다.

또한 리폼 업자를 선정할 때에도 비용을 의식하지 않으면 임대인이 원하는 성과를 얻을 수 없다. 관리회사도 공사 내용이나 각 부자재 가격 등에 대해 공사업자에게 지시를 내릴 수 있을 정도의 지식이 있어야 한다. 공사업자는 입주 희망자의 요구나 임대인의 의향을 모두 이해하고 있지 않기 때문에 이를 고려한 지시를 할 수 있어야 한다.

7 | 임대료 체납자 관리

임대료의 체납을 막기 위해서는 보증회사에 가입하는 것이 필수이지만 기존 임차인을 승계하는 조건의 부동산 취득이라면 기존 입주자가 보증회사에 가입하지 않은 경우가 있을 수 있다. 대체적으로 일본은 한국에 비해 임대료 체납으로 명도나 인도 절차를 밟아야 하는 사례가 많지 않은 것 같다. 문화와 관습의 차이일 것이다. 그러나 일본도 사람이 사는 곳이라 전혀 없지는 않다.

부동산을 매수하는 단계에서 기존 임차인의 임대료 체납 여부 및 임차 연한 등을 확인하게 되므로 매수하는 입장에서는 임차 연한이 길고 임대료 연체가 없는 물건을 고르는 것이 중요하다.

부동산을 매입하고 기존의 임차인들을 상대로 보증회사 가입이 되어 있지 않은 경우 가입을 권유할 수는 있지만 모든 입주자를 가입시킬 수 없는 경우도 있다.

관리회사는 임대료 체납이 시작된 시점에 바로 독촉 전화나 서류를 발송하고 그래도 입금되지 않았다면 추가로 독촉함으로써 체납액이 커지는 것을 방지하기도 한다. 그래도 지불하지 않는 입주자는 집으로 직접 찾아가는 등의 심리적 압박을 한다.

연대보증인이 있으면 연대보증인에게도 전화나 서면으로 독촉한다. 경우에 따라서는 내용증명을 발송하기도 하는데 일본은 타인에게 피해를 주는 것을 꺼리는 성향이 크기 때문에 이 단계에서 대부분의 입주자는 체납액을 납부하게 된다.

이 모든 절차는 관리회사에서 하는 것이기에 임대인으로서는 직접 임차인을 만나거나 신경 쓰지 않아도 된다. 이러한 리스크를 관리하는 임대관리회사의 역할 때문에 한국에서 일본 부동산을 매입하고 관리하는 것이 용이하다고 할 수 있다.

이런 리스크에 대비하기 위해 정기차가계약定期借家契約[35]을 체결하는 것도 방법이다. 입주 시 1~3년 정도 정기차가계약을 체결하고 문제가 발생한 경우 재계약하지 않고 기간 만료에 의해 퇴실하게 하는 것이다. 입주자 입장에서는 어떤 이유로 재계약이 안 되는지 모르기 때문에 입주자 모집 시에 불안과 경계를 할 수도 있겠지만, 상식적인 범위 안에서 생활한다면 아무 문제 없을 것이라는 것을 이해하는 입주자라면 정기차가를 이유로 계약을 거부하는 일은 없을 것이다. 오히려 입주자의 질을 높이는 의미에서

---

35 정기차가계약定期借家契約이란 계약기간이 정해진 임대차 계약을 말한다. 계약의 갱신이 불가하여 계약기간이 만료하면 임차인은 퇴실해야 한다. 단, 임대인과 임차인 쌍방이 합의하는 경우 기간 만료 후 재계약이 가능하다.

합리적인 방법이라 할 것이다. 단, 정기차가의 도입은 물건력에 따라 달라진다. 정기차가는 기본적으로 입주자에게 불리하기 때문에 시장에서 경쟁력이 있는 물건은 정기차가를 하는 것이 좋겠지만 경쟁력이 없는 물건에 정기차가를 도입하는 것은 현실적으로 쉽지 않다.

1) 시키킹敷金, しききん, 보증금

시키킹은 월세 체납이나 집 손상에 대한 보증금으로 집주인에게 '맡기는 돈'을 말한다. 서양에서의 디파짓Deposit이라고 하는 개념과 비슷한데 보통 월세의 1~2개월 분을 지불하며, 이사를 나갈 때 청소비, 수리비 및 연체된 임대료 등을 제외하고 남는 돈이 있는 경우 돌려준다. 다만 임대차계약서에 시키킹에서 공제할 수 있는 범위를 구체적으로 명기하는 것이 중요하다.

2) 레이킹礼金, れいきん, 사례금

레이킹은 집주인에게 '지불하는 돈'으로 이 역시 월세의 1~2개월 분이다. 보증금과는 달리 이사 나갈 때 돌려주지 않아도 되며, 최근 이 레이킹이 없는 임차 물건이 있기는 한데 이는 임차인을 오랫동안 구하지 못했거나 임대 물건에 일부 하자가 있는 경우가 있어 임차인으로서는 레이킹이 없는 물건은 일부 하자 여부를 의심하는 경향이 있다고 한다. 그러나 대체로 레이킹이 없는 물건이 많아지고 있는 것도 사실이다. 한국에는 없는 특이한 관습으로 임차인이 임대인에게 당신의 집을 임대 해줘서 고맙다는 표시라고 한다.

3) 코우신료更新料, こうしんりょう, 갱신료

일본의 임대계약은 기본 2년이 대부분이고 2년이 지나 재계약을 원할 시 납부하는 갱신료로 보통 집세의 1개월~1.5개월 치가 일반적이다. 이는 한국에는 없는 일본 만의 관습인데 레이킹이나 코우신료 모두 일본의 주거매물이 부족하였던 과거에서 발생한 관습이다 보니 최근에는 코우신료도 자연스럽게 줄어드는 추세이다.

4) 칭료賃料, ちんりょう, 임대료

칭료는 매월 지불하는 차임을 말한다. 한국에서는 차임 지급의 시기를 선불과 후불 중 임대인과 임차인 간 약정하는 경우가 있으나 일본은 통상 차임의 지급 시기는 선불이다. 차임의 선불 지급은 서양에서도 마찬가지인데 이는 보증금이 없거나 그 금액이 적어 자연스럽게 인식되는 관습으로 보면 될 듯하다.

5) 쿄에키히共益費, きょうえきひ, 관리비

쿄에키히는 차임과 함께 매월 지불하는 관리비로써 임차인이 사용하는 건물의 공용부분 전기, 수도, 청소 및 관리유지에 필요한 비용을 말한다.

6) 추우샤료駐車料, ちゅうしゃりょう, 주차비

한국은 통상 임차인이 주택, 사무실, 상가 등을 임차하는 경우 그 건물의 주차장에 주차하는 것이 일반적이다. 물론 주차 공간이 부족하여 인근 공영 또는 사설 주차장을 이용하는 경우도 있기는 하나 건물의 주차장이 있는 경우 별도 비용 부담 없이 주차하는 것이 일반적이다. 그러나 일본은 임대차 계약 시 차를 주차하는 경우 별도의 비용을 지불한다. 차를 소유하지 않은 임차인과의 형평성에서도 합리적인 관습인 듯하다. 임대인으로서는 별도의 수익이 발생하는 것이다.

7) 화재 및 지진보험 가입

화재 및 지진 등을 위한 보험 가입을 임차인에게 권유하는 경우가 많다. 보험료는 15,000엔~30,000엔 정도가 시세이며 계약 시에 임차인이 지불한다.

8) 열쇠 교체 비용

한국의 전자키 또는 스마트키는 일본 및 서양에서는 일반적인 장치는 아니다. 일본도 최근에는 신축 시 전자키를 설치하는 경우가 증가하고는 있으나 아직도 열쇠를 사용하는 비중이 크다. 열쇠를 사용하는 경우 입주자의 판단에 따라 기존 열쇠를 그대로 사용할 수는 있으나 전 임차인이 복사 키를 보유하고 있을 수 있는 위험을 방지하기 위하여 열쇠 교환이 일반화되어 있다. 키의 종류에 따라 10,000엔~30,000엔 정도(소비세 별도)이며 계약 시에 임차인이 지불한다.

9) 보증회사 이용료

한국은 통상 월세 임대차의 경우 월세의 1년~2년 치 정도의 보증금을 임대인이 수수하지만, 일본이나 서양에서는 이러한 반전세 또는 전세 제도가 없기에 일본의 임대인으로서는 차임 연체에 대한 위험을 안게 된다. 이런 이유로 연대보증인(친족 등)을 세우는 경우가 대부분이었으나 최근 들어 보증회사의 보증 서비스를 통해 연대보증인을 대체하는 경우가 많아졌다.

보증회사 이용료는 월세, 공익비, 관리비 및 주차장 이용료 등 1개월 고정비용의 약50%~100% 정도를 계약 시 1회 임차인이 지불한다. 또한 그 다음 해부터 연간 보증료로 매년 10,000엔을 지불하거나 매월 1,000엔~2,000엔 혹은 1개월의 고정비용의 1~3%를 임차인이 지불하기도 한다. 다만 이는 지역 및 부동산의 조건에 따라 다소 차이가 있기에 참고로 하길 바란다.

08

일본 부동산
투자 사례

1 | 권○○ 님의 4억 800만 엔 매물 투자 사례

1) 권○○ 님의 의뢰

2018년 9월 어느 날 업무시간 종료가 임박하여 50대 중반의 남성 한 분이 전화를 하고 사무실을 방문하여 미팅을 갖게 되었다.

방문 고객은 국내 대기업에 근무하고 있으며 현재 자녀분이 일본에 유학 후 조만간 현지 취업 예정이라고 한다. 고객은 일본에서 근무한 경험이 있어 도쿄의 지형이나 사정을 모르지 않아 설명이 용이하였다.

권○○ 님은 장기적으로 자녀를 상대로 한 상속 또는 증여를 염두에 두고 일본 부동산 투자를 계획하는 분이었다.

권○○ 님은 국내에서 아파트 및 상가건물을 소유하고 있는 상태로 조만간 임대 중인 아파트의 매각대금 및 보유현금 포함 약 20억 원 정도를 확보할 수 있다고 한다.

권○○ 님이 매입하고자 하는 지역은 특정되었다. 미나토구港区! 권○○ 님이 한때 근무 및 거주하였던 지역이기도 하고 도쿄도 내 어떤 지역 못지 않게 부동산 투자의 리스크가 적고 투자가치가 있는 지역이기 때문이기도 하다.

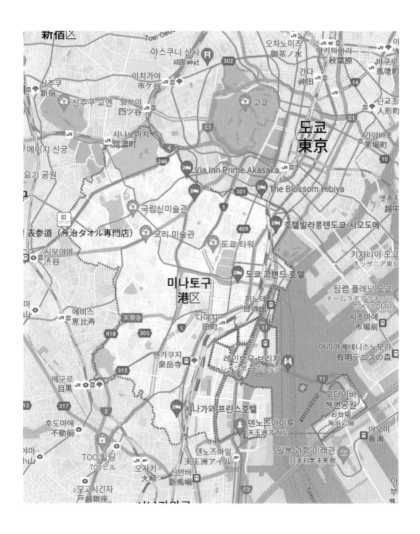

2) 권○○ 님의 법인설립

법인설립 과정에서 설립법인의 주소지를 특정해야 한다. 통상 매수고객이 매물을 매수하기 전 법인설립이 진행되기 때문에 임시로 법인의 주소지를 정해야 하는데 이 경우 별도의 비용이 발생하기도 한다. 설립된 법인 명의로 부동산을 매입하면 그때 법인의 주소지를 매수부동산의 주소지로 이전하는 과정을 거치게 된다.

권○○ 님은 법인설립 주소지를 자녀의 지인 사무소로 정하여 법인 주소 설정에 별도 비용이 지불되지 않은 사례이다.

3) 권○○ 님의 임장

필자가 권○○ 님의 니즈에 맞는 물건을 추천해서 인지는 모르겠으나 권○○ 님의 현지 임장은 1회에 마무리되었다. 20여 개의 물건 리스트를 여러 차례 제공하고 권○○ 님이 최종 정리한 5개의 물건을 현지 방문하여 직접 보았다.

한국에서도 부동산을 매매하는 경우 임차인에게 이를 고지하거나 임차인의 허락을 받고 내부를 둘러보는 것이 쉬운 일은 아니다. 더군다나 일본은 임차인의 점유권에 대한 개념이 철저하며 특히 점유자가 있는 주택의 내부를 보는 것이 쉽지 않다. 반면 일본 부동산 매물은 도면과 사진 등 각종 증빙서류 및 참고서면 등의 제공이 정확하고 특히 수선 및 보수 내역 또한 제공되는 경우가 많아 부동산을 매수하는 데 큰 도움이 된다.

4) 권○○ 님의 매매(입)계약, 대출 신청

도쿄도 내 미나토구港区 ○○○ 000번지, 상업지역, 대지면적 88.48㎡ (26.77평), 연면적 550.34㎡(166.48평), 지상 7층, 매입가 408,000,000엔, 보증금 5,789,355엔, 월임료 1,832,240엔, 연수익률 5.46%의 물건이 낙점되었다. 본 물건은 모두 사무실로 임대 중인 상업용 부동산이다.

통상 계약서의 모든 문서는 일본어로 작성되고 이를 한국어로 번역하여 고객에게 전달된 후 수정 및 승인 절차를 여러 차례 반복하여 완성된다. 권○○ 님은 이번 거래에서 자녀분의 관여를 요청하였고, 이에 모든 문서를 권○○ 님과 자녀분에게 모두 송부하고 이를 함께 검토하였다. 자녀분은 부동산 거래 및 계약의 경험이 없고 부동산 전문용어 등의 생소함으로

위 사진은 본 물건과 관련이 없으며 참고용임

문의와 답변이 추가되다 보니 조금은 시간이 지체되기는 하였지만, 소통은 원활하였다.

물론 일본에서 유학으로 거주기간이 상당하다고 해도 부동산매매계약서의 문서 전체를 이해하고 이를 수정하는 것이 쉬운 일은 아니다.

物 件 概 要 書

種　　類	収益ビル	名　　称		
所 在 地	住居表示	東京都港区		
	地　　番			
交　　通		JR山手線　浜松町駅　徒歩7分　　大江戸線　大門駅　徒歩5分		
土　　　地	地　　目	宅地		
	公簿地積	88.48 ㎡	（　　26.77 坪　　）	
	実測地積	㎡	（　　0.00 坪　　）	
権利形態		所有権		
道　　路		西側　約5m		
建　　　物	家屋番号			
	用　　途	事務所		
	構　　造	鉄筋コンクリート造陸屋根7階建		
	延床面積	550.34 ㎡	（　　166.48 坪　　）	
	築年月日	昭和　46 年　1 月　　日　竣工		
現　　況		賃貸中		
法令上の制限	用途地域	商業地域		
	建 蔽 率	80 %	%	
	容 積 率	700 %	%	
	防火指定	防火地域		
	高度指定			
	その他	駐車場整備地区　景観法		
価　　格		4億800万円（税込）		
取引方法	相談			
引渡期日	相談			
取引形態	専任			
備　　　考				

部屋番号	賃借人 法人or個人	現況 状況	用途	面積(㎡)	面積(坪)	賃料	賃料/坪	共益費	共益費/坪	合計(税別)	賃料/坪	敷金/保証金	原契約開始日	前回更新契約開始日	契約終了日	査定想定 賃料	賃料/坪	共益費	共益費/坪	合計
101		空室	店舗	31.15㎡	9.42	0	-	0	-	-						240,000	25,476	0	-	240,000
102	法人	入居中	事務所	32.60㎡	9.86	143,000	14,503	27,661	2,805	170,661	17,308	1,000,000	1986/9/8	2013/9/8	2020/9/7	143,000	14,503	27,661	2,805	170,661
201·202	法人	入居中	事務所	55.76㎡	16.86	182,000	10,794	0	-	182,000	10,794	1,140,000	2013/3/1	2017/3/1	2019/2/28	182,000	10,795	0	-	182,000
203	法人	入居中	事務所	26.45㎡	8.00	66,010	8,251	8,001	1,000	74,011	9,251	207,369	2015/12/4	2017/12/4	2019/12/3	66,010	8,251	8,001	1,000	74,011
301	法人	入居中	事務所	32.68㎡	9.87	56,530	5,727	17,470	1,770	74,000	7,497	273,180	2011/7/16	2017/7/16	2019/7/15	56,530	5,727	17,470	1,770	74,000
302	法人	入居中	事務所	23.08㎡	6.96	60,166	8,622	7,223	1,034	67,409	9,657	195,000	2018/7/1	2018/7/1	2020/6/30	60,166	8,623	7,223	1,035	67,409
303	法人	入居中	事務所	26.45㎡	8.00	66,010	8,251	8,001	1,000	74,011	9,251	207,369	2016/1/15	2018/1/15	2020/1/14	66,010	8,251	8,001	1,000	74,011
401	法人	入居中	事務所	32.66㎡	9.87	79,040	8,008	24,700	2,502	103,740	10,510	474,240	2002/10/5	2018/10/5	2018/10/4	79,040	8,008	24,700	2,503	103,740
402	法人	入居中	事務所	23.08㎡	6.98	60,166	8,622	7,223	1,034	67,409	9,657	195,000	2018/6/15	2018/6/15	2020/6/14	60,166	8,623	7,223	1,035	67,409
403	法人	入居中	事務所	26.45㎡	8.00	63,444	7,930	8,001	1,000	71,445	8,930	199,077	2015/11/20	2017/11/20	2019/11/19	63,444	7,931	8,001	1,000	71,445
501	法人	入居中	事務所	32.66㎡	9.87	96,800	10,010	0	-	96,800	10,010	340,000	1995/6/1	2017/6/1	2019/5/31	96,800	10,010	0	-	96,800
502	法人	入居中	事務所	23.08㎡	6.96	66,405	9,513	0	-	66,405	9,513	195,000	1996/3/1	2018/3/1	2020/2/29	66,405	9,514	0	-	66,405
503	法人	入居中	事務所	26.45㎡	8.00	82,640	10,330	25,820	3,227	108,460	13,557	495,840	2009/5/15	2017/5/15	2019/5/14	82,640	10,330	25,820	3,228	108,460
601	法人	入居中	事務所	32.66㎡	9.87	79,540	8,058	24,700	2,502	104,240	10,561	474,240	2014/4/1	2018/4/1	2020/3/31	79,540	8,059	24,700	2,503	104,240
602	法人	入居中	事務所	23.10㎡	6.98	60,185	8,622	7,222	1,034	67,407	9,657	195,000	2017/4/7	2017/4/7	2019/4/6	60,185	8,622	7,222	1,035	67,407
603	法人	入居中	事務所	26.45㎡	8.00	70,370	8,796	7,861	982	78,231	9,778	228,000	2018/8/1	2018/8/1	2020/7/31	70,370	8,796	7,861	983	78,231
701		空室	事務所	43.80㎡	13.24	0	-	0	-	-						95,000	7,175	15,000	1,133	110,000
702		空室	事務所	22.44㎡	6.78	0	-	0	-	-						66,010	9,736	8,001	1,180	74,011
総戸数 16				総面積 540.96	163.56	賃料合計 1,234,346		共益費合計 173,883		総合計 1,409,229		敷金/保証金合計 5,789,355				想定賃料合計 1,635,356		共益費合計 196,884		想定賃料総合 1,832,240

필자의 설명에 권○○ 님 자녀분의 의견 개진 등으로 인하여 권○○ 님의 부동산 매입은 그리 어려움 없이 결정되고 매수자인 권○○ 님과 자녀분이 함께 참석하여 매매계약 체결이 마무리되었다.

물론 부동산매매계약서 15매, 중요사항설명서 25매 및 기타 부속서류는 모두 계약 체결 전 미리 수정 등을 거쳐 완성된 상태로 계약체결일에는 날인 및 대금납부 등의 절차만 남겨놓게 된다. 실제 중요한 계약 체결의 과정은 계약 체결 당일이 아니라 계약일 이전에 여러 차례 문의하고 수정하는 과정이다.

계약 전 은행에 탁상감정을 의뢰하긴 하였으나 2018년 11월 말 계약을 체결하고 정식으로 계약서를 첨부하여 은행에 대출 신청을 하였다. 매입가 408,000,000엔의 약 58%인 236,000,000엔의 대출이 실행되었다.

5) 권○○ 님의 잔금 및 관리회사 계약

법인설립 및 은행 대출 여부도 확인된 상태라 잔금은 2019년 1월 지급하고 당일 소유권 이전등기신청서를 접수하였다. 이제 권○○ 님은 일본 미나토구 건물주가 되었다.

그러나 아직 시설관리회사 및 임대관리회사와의 계약이 남아 있다. 이또한 매매계약서 체결 방식과 동일하다. 모든 서류는 온라인상으로 여러 차례 주고받으며 계약서의 내용을 정리한 후 현장에서는 날인만 하는 정도로 일정은 마무리되었다.

6) 권○○ 님의 사후관리

권○○ 님의 매수부동산은 임대관리 및 시설관리 업체에서 일괄 관리대행을 하고 있다. 모든 보고서는 일본어로 작성되어 권○○ 님과 당사로 매월 전송되고 있다. 기타 서류와 관련해서는 권○○ 님의 자녀분이 체크하고 있으나 임차인의 민원 및 논의가 필요한 사항이 발생하는 경우에는 수시로 당사에 의뢰를 하고 컨설팅을 제공받고 있다.

백○ 님의 1억 4,000만 엔 매물 투자 사례 | 2

1) 백○ 님의 의뢰

2019년 7월 더운 여름 젊은 부부가 도쿄 내 부동산을 매입하고 싶다고 연락을 주었다.

국내에서도 오피스텔과 아파트를 사고파는 등 부동산 투자로 많지는 않지만 수익을 얻고 있고, 직장생활을 하며 모아 둔 돈 총 7억 원을 가지고 도쿄 내 부동산을 매입하고 싶다는 것이다.

참 어려운 금액이다. 7억 원이면 대출을 포함하여 13억 원~15억 원 정도의 건물을 찾아야 하는데 그것도 한국 사람 대부분이 그렇듯 신주쿠, 시부야, 도쿄역, 긴자 등을 언급하며 도쿄 5구 내 더욱이 JR 야마노테선을 기준으로 수익률 높은 물건을 의뢰하니 난감하지 않을 수 없는 일이었다.

2) 백○ 님의 법인설립

물건을 찾고 이를 검토하는 과정과 법인설립 과정은 병행하여 진행된다. 일본법인의 정관을 만들고 일본 내 법인 주소지를 지정하며 법인계좌를 개설하는 과정까지 법무사, 세무사 등의 업무협조가 반복해서 필요하고 이는 2개월 정도 소요되었다.

3) 백○ 님의 임장

참 열심이었다. 20여 개의 물건목록을 여러 차례 걸쳐 제공하고 이를 발췌해서 수시로 일본으로 넘어가 임장을 하고 주변을 둘러보기를 여러 차례 백○ 님의 노력이 대단하였다.

언제나 그렇듯 내 입맛에 딱 맞는 물건은 없다. 내가 만족할 수 있는 물건은 내 주머니 사정을 모르니 언제나 만족스럽지는 못한 게 현실인 듯하다. 그런데도 신주쿠구 내 이면도로 주거지역에 있는 5층 건물을 결정하기까지 더운 여름을 관통하여 일본을 돌아다녔으니 고생이 이만저만이 아니었다. 물론 이러한 노력이야 결과로 보상되는 것이니 행복한 고생임이 틀림없을 것이다.

4) 백○ 님의 매매(입)계약, 대출 신청

도쿄도 내 신주쿠구新宿区 ○○○ 000번지, 대지면적 141.05㎡(42.66. 평), 연면적 360.72㎡(109.11평), 지상 5층, 매입가 140,000,000엔, 보증금 1,238,000엔, 월임료 656,646엔, 연수익률 5.67%의 물건이 낙점되었다. 본 물건은 1~2층은 사무실 및 점포, 3~5층은 주택으로 사용되며 4~5층은 복층 구조인 물건이다.

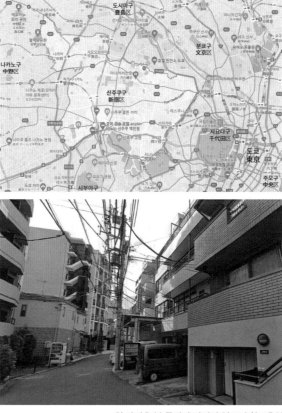

위 사진은 본 물건과 관련이 없으며 참고용임

계약서는 모든 문서를 일본어로 작성하고 이를 한국어로 번역하여 고객에게 전달된 후 수정 및 승인 절차를 반복하여 완성한다. 계약서 체결 시에는 부동산매매계약서 13매, 중요사항설명서 20매 및 기타 부속서류가 있다. 촘촘하게 작성된 방대한 양의 계약 내용을 계약 시 현장에서 확인하는 것은 어려운 일이기에 계약 전에 모든 서류를 확인 후 이상이 없는 상태에서 계약에 임하게 된다. 현장에서는 동일 문서임을 확인하는 것으로 마무리하도록 준비되어야 한다.

2019년 10월 초 계약을 체결하고 은행에 대출 신청을 정식으로 하였다.

【物件概要書】

物件所在	住居表示	東京都新宿区		
	地番			
交通		東西線　神楽坂駅　徒歩7分		
土地	公簿面積	141.05㎡（42.66坪）		
	実測面積			
	地目・権利関係	宅地・所有権		
	道路	南側　約4.5m		
建物	構造規模	鉄骨造陸屋根5階建		
	延床面積	360.72㎡（109.11坪）		
	築年月	1988年（昭和63年）1月	現況	満室稼働中
法令制限	用途地域	商業・準工業地域	高度制限	
	建蔽率	80%・60%	日影規制	
	容積率	500%・300%	その他	
	防火指定	防火・準工業地域	都市計画	市街化区域
目安価格		1億4000万円		
引渡条件		相談		
備考				

位置	テナント	面積	賃料	共益費	—	消費税	合計	預り敷金	更新日
1	店舗	72.92㎡	161,905			12,952	174,857	510,000	定借 2020年6月30日
2	事務所	67.89㎡	165,741			13,259	179,000	179,000	定借 2019年11月28日
3	住居	72.10㎡	139,000				139,000	139,000	定借 2020年5月29日
4	住居	105.79㎡	190,000				190,000	410,000	2年自動更新 2020年6月15日
5	住居								
合計	現 状	318.70㎡	656,646			26,211	682,857	1,238,000	
	満室想定		656,646			26,211	682,857		

매입가 1억4,000만 엔의 약 57%인 8,000만 엔이 대출 실행되었다.

5) 백○ 님의 잔금 및 관리회사계약

법인설립 및 은행 대출 여부도 확인된 상태라 잔금은 2019년 10월 말 지급하고 당일 소유권 이전 등기신청서를 접수하였다. 이제 백○ 님은 일본 신주쿠구의 건물 소유자가 되었다.

그리고 시설관리회사 및 임대관리회사와의 계약 또한 매매계약서 체결과 마찬가지로 사전 협의를 통해 내용을 확정지은 상태에서 현장에서는 날인 하는 것으로 마무리하였다.

6) 백○ 님의 사후관리

시설관리회사 및 임대관리회사는 주기적으로 리포터를 작성하여 임대인에게 전달하고 결재사항이 있는 경우 이에 대한 보고서를 임대인에게 제공한다. 이 과정은 한국에서 건물을 관리하는 것에 비하면 매우 수월한 과정이다. 임차인을 만날 일도 직접 임대차 계약을 체결할 일도 없이 모든 시설 및 임대관리는 관리회사가 일체 대행해 주는 시스템이다.

7) 백○ 님의 매도

백○ 님이 도쿄도 내 부동산을 매입한 지 약 3년이 경과 되던 어느 날 동 건물에 대한 매입의뢰가 들어왔다. 일본은 한국과 다르게 부동산업체에서 직접 부동산을 매입하고 개발하여 다시 매각하는 과정의 비중이 높은 편이다.

동 물건에 대한 의뢰인도 일본 내 부동산회사 중 하나이다.

그런데 부동산업체에서 왜 이면도로의 작은 꼬마빌딩에 관심을 갖는 것인지 의문을 갖게 되었다. 일본은 한국과 달리 실거래 신고 포털서비스가 원활하게 제공되지 않는다. 업데이트 주기가 길어 실시간으로 확인하는 것이 쉽지 않아 주변 건물의 매입과 매각과정을 수시로 확인하기 어려운 시스템이다. 그러나 매각과정에서 매수의향자가 이 물건을 사고자 하는 목적을 알아야 우리의 매각가를 결정할 수 있기 때문에 매수의뢰를 한 부동산업체의 주변 부동산 매입내역을 검토하였다. 역시나 백○ 님의 건물 바로 뒤, 대로변 건물을 매매계약 한 상태로 백○ 님의 물건을 함께 구입하고자 하는 것이었다. 이는 좋은 기회다.

일본은 옆의 지적도와 같이 폭은 좁으나 뒤로 긴 모양의 토지 위에 건물

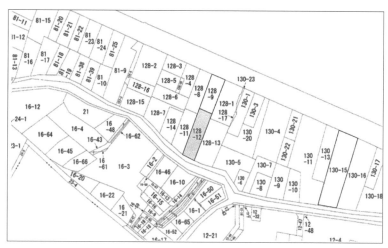위 지적도는 본 물건과 관련이 없으며 참고용임

을 짓는 경우가 많다. 대로변의 비싼 토지와 후면의 비교적 저렴한 토지를 함께 매입하여 개발하는 형태는 일본에서 흔히 볼 수 있는 부동산 개발 형태이다.

아래 지적도 좌측의 2필지를 매입하여 지적도 우측과 같은 폭은 좁으나 긴 대지 위에 아래 사진과 같은 상업용 또는 오피스빌딩을 신축하는 경우이다.

매수의향자가 매입한 물건은 상업지역 소재로서 백○ 님의 건물에 비해 시세도 높고 가격은 2배 이상에 계약된 것으로 확인되었다. 그렇다면 문제는 백○ 님의 건물 매각가이다.

협상은 시간의 싸움이다. 나는 팔 의사가 없고 사고자 하는 사람은 살 필요와 이익이 있다면 매매가가 상승하는 것은 당연한 원리이다. 다만 매각하는 자가 시간과 표정에 여유가 있어야 한다.

필자는 3억 엔 이하에서는 협의하지 않는 기준을 두고 백○ 님께 조언하였다. 이를 받아들인 백○ 님은 기다려주는 듯하였다. 2~3주가 지나자 다시 매수의향자에게서 연락이 왔다. 매입 제시가는 1억 엔이었다. 들을 가치도 없어 인사를 포함하여 3분 이내 통화는 마무리되었다. 매도가는 먼저 제시하지 않는 것이 협상의 기본이다. 다시 3~4주가 지나자 매수의향자가 연락을 해왔고 매입 제시가는 1억5,000만 엔으로 높아졌으나 이는 필자의 기준과는 여전히 동떨어진 숫자였다. 이 모든 과정을 백○ 님에게 전달하며 안 팔아도 좋고 동 건물은 자식에게 상속하겠다는 생각으로 기다려 달라고 했다.

그로부터 2개월이 지나자 백○ 님으로부터 연락이 왔다. 매수의향자가 연락이 없자 매수를 포기한 것은 아닌지 걱정이 된다는 것이다. 그러면서 남편과 상의를 하였는데 "2억 엔이면 그냥 팔겠다"고 한다. 안타깝고 아쉬운 마음이 앞섰지만 다시 생각했다. 이 부동산은 내 물건이 아닌데 마치 내 물건인 양 협상을 하고 있는 것은 아닌지 다시 생각하게 하는 순간이었다. 이러한 일이 여러 차례 있었으나 늘 필자가 고집을 부려 조금 더 기다려 보자고 하지만 결국 최종 결정은 고객의 몫이라는 결론에 도달할 때마다 안타까운 마음이 드는 것은 사실이다.

매수의향자는 이 물건을 매입해야만 하는 부동산회사이다. 이미 전면 토지를 매입하였고, 기 매입한 대지만으로 건물을 지어 발생하는 수익과 후면 토지 및 건물을 시세보다 높은 가격을 주고라도 매입한 후 건물을 지어 발생하는 수익을 차트로 그려보면 매수의향자는 매도인을 따라오게 되어 있다. 이런 경우 매도인은 매매과정의 매도우위에 있어 기다리면 된다.

다시 1개월이 지나 매수의향자가 2억 엔의 매입 제안을 하며 이게 마지막이라고 한다. 필자는 귀담아듣지 않았지만 백○ 님께 그 내용을 전달하자 팔겠다고 하며 서둘러 달라고 한다. 하지만 필자 스스로 못내 아쉬운 마음에 다시 협상을 시도한 결과 매각금액은 2억1,500만 엔으로 결정되었다.

안타까운 과정이었다. 늘 그렇듯 협상은 시간과 표정에 여유로움이 필요하다. 고객이 만족한다면 그로써 족하다는 필자 스스로를 설득하며 매각 협상 과정을 종결하기로 하였다.

2022년 10월 백○ 님이 건물을 매입한 지 3년 만에 1억4,000만 엔에 매입한 물건을 2억1,500만 엔에 매각하여 매각수익률은 153.57%에 이르러 나쁘지 않은 결과를 얻기는 하였다. 레버리지 수익률은 상당하다고 할 수 있다. 그러나 안타까운 협상이었던 것 또한 잊혀지지 않는 사례이다.

8) 백○ 님의 매각 후 사후관리

백○ 님은 소유부동산을 매각하였기에 이제 법인 주소지를 둘 곳이 필요하다. 일본어 공부를 열심히 한다고 하며 이 과정은 직접 진행하겠다고 하였다.

가상 오피스 업체에 일정 비용을 지불하고 법인의 주소지만 옮겨 놓은 후 우편물이나 연락 등을 전달받는 서비스가 있다.

법인 주소지를 이전하기 위해서는 이전하는 곳인 가상 오피스와 법인 등기이전을 대행해 주는 법무사가 같이 소통하며 업무를 진행해야 한다. 그 과정에서 처음 몇 번은 필자가 가상 오피스업체와의 간략한 소통이나 메일 답신에 대한 조언 등을 해주기는 하였지만, 전반적인 진행은 백○ 님이 직접 부딪쳐 보겠다고 하였다.

어느 날 가상 오피스업체에서 연락이 왔다. 백○ 님이 관련 서류를 보내오지 않고 있으며 일반적인 업무처리 프로세스를 이해하지 못하고 있어 법인 주소지 이전 절차가 진행되지 않고 있다는 것이다. 확인해 보니 백○ 님이 업체의 연락을 받고도 무슨 절차를 어떻게 진행해야 하는지 이해하지 못하고 진척 없이 손을 놓고 있었던 모양이었다. 일본 업체와 백○ 님 사이의 의사소통이 원활하지 않아 진척이 없었던 것이다. 매각 잔금일에 업체를 직접 찾아가 정리를 해드리는 것으로 법인 주소지의 이전 절차는 마무리가 되었다.

일본어는 한자를 포함하는 경우가 많아 이를 이해하는 데 한자 사용권에 포함되는 한국인으로서는 유리하다 할 수 있으나 부동산 관련 업무는 계약과 관련된 일들이 대부분이고, 무엇보다도 문구 하나, 조사 하나에 따라 해석이 달라지기 때문에 이를 소홀히 하는 경우 당사자의 손해로 귀결될 수 있다는 점을 명심해야 한다.

반드시 전문 통·번역 및 법리적인 해석을 도와줄 전문가 또는 이를 대행해 줄 수 있는 컨설턴트의 도움이 필수적이다.

일본에 대해서 조금 안다거나 일본의 부동산 거래를 한 번쯤 해 보았다고 하여 부동산매매의 종합적인 과정을 심지어 국내도 아닌 해외부동산 거래를 쉽게 생각하는 경우가 있는데 이는 매우 위험한 일이다.

3 | 김○○ 님의 5억3,000만 엔 매물 투자 사례

1) 김○○ 님의 의뢰

2019년 11월 초 지인을 통해 일본 내 부동산을 매입하고자 하는 분을 소개받게 되었다. 받은 연락처로 전화를 드리자 차분한 목소리의 중년 여성분이었다. 그러나 통화를 하며 상호 의견이 오가던 중 한국 내 부동산정책에 대한 불만 섞인 하소연을 한참 동안 들었던 것으로 기억한다. 필자가 부동산컨설팅을 하다 보면 고객의 하소연을 듣고 이를 공감해드려야 하는 경우가 종종 있다.

며칠 후 김○○ 님이 시간을 내어 당사를 방문하였다. 미팅의 시작은 종합부동산세, 취득세 중과세, 다주택자에 대한 차별 및 양도세 등 부동산에 부과되는 세금 등 현 부동산 정책에 대한 불만으로 시작되었다. 이러한 불만이 해외부동산 투자를 결심하게 된 계기가 되었다고 한다. 김○○ 님은 한국에서 부동산 투자를 여러 차례 하였지만, 지금처럼 투자에 회의를 느껴본 적이 없다고 했다.

김○○ 님은 베트남, 캄보디아 등 동남아 국가의 투자를 염두에 두고 해외투자를 고민하기 시작하였다. 그러나 투자방식 및 정보를 얻는 과정에서의 리스크를 감당하기 어렵다는 것을 알게 된 순간 안정적인 일본 부동산 투자에 관심을 갖게 되었다.

일본에 여행을 가본 것 외에는 일본 부동산에 대한 지식도 없고 지인이나 가족이 일본에 거주하고 있는 것도 아니었다. 전적으로 당사의 컨설팅을 신뢰하고 진행하겠다고 한다.

최근에 매각한 주택 및 상업용 부동산의 매각대금 등 약 30억 정도의 투자 여력이 있다고 한다. 김○○ 님은 투자자다. 매수부동산을 5~10년 이내 매각하고 그 투자수익에 따라 재투자하여 신규 부동산을 매입하거나 그 자금을 한국으로 들여오고자 한다.

2) 김○○ 님의 법인설립 및 임장

김○○ 님과의 컨설팅 계약 체결 직후 법인설립 과정이 진행되었다. 매물을 10여 건 보내드리자 이틀 후 가보겠다고 했다. 물건을 조금 더 취합한 후 하자가 있는 물건인지 확인 절차도 거쳐야 하니 임장 일정을 며칠 후로 미룰 것을 설득하였다. 김○○ 님의 추진력이 놀라울 뿐이었다.

한국의 부동산도 마찬가지이지만 매물 리스트에 기재된 내용 외에도 직접 확인하고 체크해야 할 부분이 많이 있다. 건축물대장상 나타나지 않는 위반건축물이나 인근 부동산과의 경계분쟁의 소지가 있는지 등에 다양한 정보를 확인해 보아야 한다.

기존 매물 10건 외에 5건의 매물을 추가하여 15건의 물건 리스트를 김○○ 님에게 전달하였다. 김○○ 님의 검토 및 필자와의 미팅 등을 통해 6건의 매물을 임장하기로 정하고 며칠 후 직접 일본으로 건너가 물건들을 둘러보았다.

법인설립은 완료되지 않은 상태에서 매물 임장을 하고 매수 물건이 결정되는 경우가 종종 있다. 법인설립을 기다리다 보면 누군가 내가 마음에 두고 있는 매물을 먼저 계약할 수도 있기에 서둘러 매도인에게 매수의향서를 전달하고 은행에 탁상감정도 요청한다. 법인설립 및 외환 신고 등을 서둘러 법인설립이 완료되면 바로 매매계약을 체결하는 경우가 있다.

임장을 다녀온 김○○ 님은 당사에서 제공한 물건 중 추천매물을 선택하고 계약하기로 하였다.

3) 김○○ 님의 매매(입)계약, 대출 신청

도쿄도 내 시부야구渋谷区 ○○○ 000번지, 상업지역, 대지면적 73.05㎡(22.10평), 연면적 188.94㎡(57.15평), 지상 5층, 매입가 530,000,000엔, 보증금 10,048,080엔, 월 임대료 1,741,840엔, 연수익률 4.02%의 물건이 낙점되었다. 본 물건은 JR 야마노테선 시부야역에서 약 400m 떨어진 곳에 있어 도보 5분 내의 초역세권 상가용 건물이다.

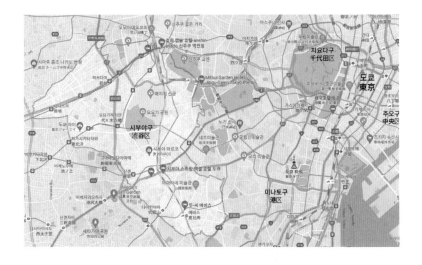

　수익률은 연 4.02%로 높지 않으나 상업지역 상권 내의 올 상가임대용 물건으로 현금성이 탁월하여 김○○ 님의 투자방식에 맞는다고 판단되어 추천한 물건 중 하나이다. 물론 예측에 불과하지만 본 매물의 사용 연한이나 연접 부동산의 사용 연한 등을 종합적으로 분석한 결과 신축을 목적으로 한 매수의뢰의 기회가 있을 것으로 판단된 물건이기도 하다.

　법인설립 직후인 2019년 12월 계약을 체결하고 계약서를 첨부하여 은행에 대출 신청을 하였다. 사전 탁상감정이 있기는 하였으나 정식 대출 신청에 따라 매입가 530,000,000엔의 약54%인 286,000,000엔이 실행되었다.

옆 사진은 본 물건과
관련이 없으며 참고용임

物 件 概 要 書

種　類	収益ビル	名　称	
所 在 地	住居表示	東京都渋谷区	
	地　番		
交　通		JR山手線　恵比寿駅　徒歩8分	
土地	地　目	宅地	
	公簿地積	73.05 ㎡	（　　22.10 坪　）
	実測地積	㎡	（　　0.00 坪　）
権利形態		所有権	
道　路		東側　約4m	
建物	家屋番号		
	用　途	店舗	
	構　造	鉄筋コンクリート造陸屋根5階建	
	延床面積	188.94 ㎡	（　　57.15 坪　）
	築年月日	昭和　50 年　3 月　　日　　竣工	
現　況		賃貸中	
法令上の制限	用途地域	近隣商業地域	
	建蔽率	80 ％	％
	容積率	400 ％	％
	防火指定	防火地域	
	高度指定		
	その他		
価　格		総額5億3000万円（税込）	
取引方法	相談		
引渡期日	相談		
取引形態	媒介		
備考			

位置	テナント	面積	賃料	共益費	―	消費税	合計	預り敷金	更新日
1	店舗	34.73㎡	441,000			44,100	485,100	3,528,000	2021年9月30日
2	店舗	34.73㎡	341,250			34,125	375,375	2,730,000	2021年9月30日
3	空室	34.73㎡	360,000			36,000	396,000		
4	店舗	30.90㎡	261,800			26,180	287,980	2,094,400	2021年9月30日
5	店舗	25.04㎡	211,960			21,196	233,156	1,695,680	2021年9月30日
合計	現　状	160.13㎡	1,256,010			125,601	1,381,611	10,048,080	
	満室想定		1,616,010			161,601	1,777,611		

4) 김○○ 님의 잔금 및 관리회사 계약

2020년 1월 보증금, 차임, 세금 등 모든 비용을 정산하고 상계잔금을 지급한 후 동석한 법무사가 당일 소유권 이전 등기신청서를 접수하였다.

같은 날 관리회사 사무실로 자리를 옮겨 시설관리 및 임대관리 계약도 마무리하였다.

5) 김○○ 님의 사후관리

동 물건은 매수 당시 3층이 공실이었으나 소유권 이전 등기 후 2개월 이내 신규 임차인과 계약을 체결하여 현재는 만실 상태이다.

김○○ 님의 부동산은 임차인의 변동 없이 현재까지 차임, 관리비, 세금 신고 등 통상적인 루틴에 따라 관리회사의 관리보고서를 제공받는 것 외에 특별한 사정 없이 잘 유지되고 있다.

6) 매각의뢰

김○○ 님이 위 물건을 매수한 후 3년이 경과 되던 지난 2023년 2월 일본 ○○○부동산회사로부터 김○○ 님의 상가건물을 매수하고 싶다는 연락이 왔다. 김○○ 님의 상가건물 바로 옆 건물과 김○○ 건물을 매입하여 신축을 하고자 하는 부동산회사의 개발계획서와 함께 매수의향서가 접수되었다.

일본은 부동산 관련회사의 직접투자 사례가 빈번하여 부동산회사가 자체적으로 부동산을 매수하고 이를 개발하거나 리노베이션 후 직접 운영하거나 재매각하는 사례가 많다.

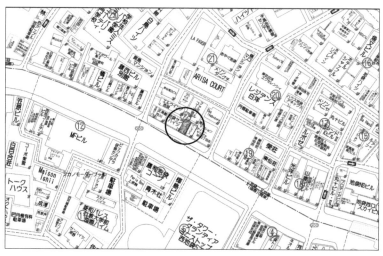

위 지적도는 본 물건과 관련이 없으며 참고용임

김○○ 님과 상호 면밀히 검토하여 매각 여부를 결정할 것이지만 계획했던 5~10년 이내 매각보다는 일정이 빨라지는 모양새이다. 하지만 이러한 개발을 목적으로 하는 매각은 그렇지 않은 매물의 매매와 달리 협상과 논의에 더 많은 시간과 노력이 필요하다.

필자는 김○○ 님께 동 부동산의 매각을 서둘지 말 것을 조언했다.

애초 김○○ 님은 5년 이후에나 투자 부동산의 매각을 예정하고 있었고, 비록 개발계획을 갖고 부동산회사에서 매수 의향을 표명한 것은 매각에 유리한 점이지만 개발을 목적으로 하는 부동산회사의 매수과정이 신속하게 진행되지 않는 것 또한 일반적인 사례이다.

결정적으로 매수의향자가 아직 김○○ 님 물건의 연접 부동산을 매수한 것이 아니었기에 필자로서는 조금 더 기다려 보자고 했다. 가장 좋은 그림은 매수의향자가 김○○ 님의 부동산 연접 토지를 우선 매수한 후 우리와 협상 테이블에 앉는 것이다.

과정이야 길어질 수 있겠으나 매각으로 인한 자본수익이 상당할 것으로 예상된다. 매각사례는 추후 증보판에 기술할 수 있기를 바란다.

4 | 최○○ 님의 7억7,500만 엔 매물 투자사례

1) 최○○ 님의 의뢰

2019년 12월 시작된 바이러스성 호흡기질환으로 인하여 전혀 예상하지도 못하고 경험하지 못한 장기간의 경기침체와 국제적 이동의 어려움이 발생되었다. 2020년 3월 세계보건기구WHO가 팬데믹을 선언하며 국가 간 이동은 물론이고 도시 내에서의 이동 또한 통제되었던 어두운 터널이 시작되었고, 많은 국내외 행사가 취소되거나 연기되었다.

그 터널에서 어렵게도, 참으로 억척스럽게도 2020도쿄올림픽이 2021년 7월 23일에 개막되기는 하였으나 개인적으로 그 어려운 시기 올림픽 개막의 의미를 이해하지 못하였다.

국내 부동산은 물론이고 일본 부동산에 투자하는 것을 엄두도 내지 못하고 있던 시기 돌이켜보면 그 어려운 터널에서 도쿄올림픽을 개최해야만 했던 경제적, 정치적인 이유가 있었을 것이다. 어렵고 예측 불가능한 시기에도 경제구조는 변화하면서 돌아가고, 작은 보폭이나마 나아가고 있었던 것이다. 그 대세적인 흐름을 팬데믹으로 보지 못하고 있었을 뿐이었다.

터널이 끝나지는 않았으나 멀지 않은 곳에서 빛이 비치는 것은 맞는 것 같다.

2022년 2월 e-mail로 문의를 받았다. 미국에 거주하고 계신 한국인이었다. 조용하고 잠잠하던 시기 누구보다 선제적인 투자 마인드를 갖지 않고서는 아직 이동이 자유롭지 않았던 시기에 일본 부동산 투자 문의는 나를 부끄럽게 만든 순간이었다.

국적은 한국이지만 미국에 거주하고 계신 지 벌써 25년 차라고 하신다. 조만간 부부가 자녀가 있는 일본으로 삶의 터전을 옮기려 일본 내 부동산 투자를 염두에 두고 계신다고 한다. 그런데 의외의 문의를 하신다. 차지권借地權[36]을 언급하시며 차지권 물건에 관심이 있다고 한다.

2) 차지권借地權 물건

차지권에 관하여는 이 책 82쪽에서 언급한 바 있다. 차지권 물건은 수익률이 높으며 금융권 대출만 가능하다면 고수익의 투자 방법임은 말할 필

---

36 차지권借地權 : 자신의 건물을 세울 목적으로 다른 사람의 토지를 빌려 사용하는 지상권地上權 및 임차권賃借權을 말하는 것으로 무형자산으로 분류된다. 일본에서는 흔히 있으나 한국은 관습상 흔하지 않다.

요가 없다. 다만 금융권 대출이 어렵다고 하더라도 일부 금융권에서 가능한 경우가 있었으나 코로나 팬데믹으로 금융권의 대출이 더욱 보수적으로 다져지던 시점이었다.

일본 내 은행에 조심스럽게 문의를 하였으나 역시나 차지권 물건에 대한 대출은 어렵다는 답변을 받았다. 이를 최○○ 님에게 알려드리고 일반적인 투자 방법을 조언해드리며 고민하신 후 다시 연락을 주기로 하였다.

수개월이 지난 2022년 5월경 최○○ 님이 다시 연락을 하였다. 미국의 자산을 정리하고 약 600만 달러, 엔화로 약 8억6,000만엔 정도를 투자할 수 있다고 한다. 일본 엔화 대비 미국 달러의 가치가 높아 예전에 비하여 저렴하게 일본 부동산을 매입할 수 있는 구조이다.

최○○ 님은 대출 없이 매입하는 것도 무관하다고 하시며 여전히 차지권 물건에 대한 관심을 버리지 않고 있었다.

3) 법인설립과 계좌개설

이 책에서 소개하였던 바와 같이 기본적으로 우리의 투자는 일본의 엔저와 더불어 저금리를 활용하는 투자가 방점일 것이다. 금융권의 대출을 목적으로 한다면 법인설립과 이를 통한 부동산 매입이 일반적인 투자방식이다.

최○○ 님은 부동산 매입 시 대출을 받을 예정이 아니기에 법인설립이 전제가 되지는 않으나 계좌개설을 통해 매입부동산의 자금 관리를 매수자인 당사자가 직접 하려고 한다면 계좌개설과 이를 위한 법인설립이 필요하였다.

더불어 당시 차지권 물건에 대한 금융권의 대출이 어려운 것은 사실이나 최○○ 님이 일본 거주 예정이고 매수 부동산을 통한 임대수익을 지속적으로 관리한다면 추후 법인 운영자금 형태의 담보대출도 코로나 팬데믹 이후 가능하다고 볼 수 있어 이 또한 사후관리 단계에서의 자금운영 방식으로 남겨둔 상태에서 법인설립과 계좌개설을 진행하였다.

4) 매물검토와 임장

차지권 물건 중에서도 구법차지권(차지법借地法)의 적용을 받는 물건으로 1992년 이전 차지권이 형성된 물건을 전제로 하다 보니 매물 리스트에 한계가 있었다. 대략 10여 건의 매물 리스트를 메일로 보내드리고 최○○ 님과의 유선 및 영상통화로 물건에 대한 브리핑이 반복되었다.

코로나 팬데믹의 영향으로 국가 간 이동이 어려웠던 최악의 시점을 지나 다소 해소되던 2022년 8월경 최○○ 님이 일본에서 직접 매물 리스트의 물건들에 대한 임장을 진행하였다.

5) 최○○ 님의 매매(입)계약

최○○ 님은 도쿄도 스미다구墨田区 ○○○ 000번지, 상업지역, 대지면적 334.34㎡(101.14평), 연면적 1,370.26㎡(414.50평), 지상 11층, 매입가

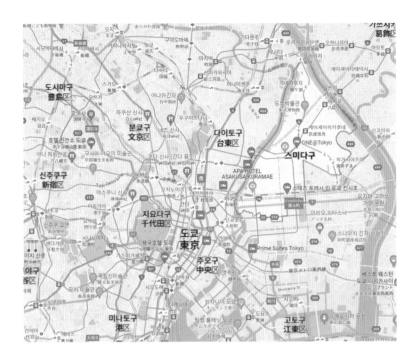

775,000,000엔, 보증금 6,299,980엔, 월임료 4,987,000엔(관리비 포함), 월 지대地代 202,260엔, 연수익률 8.22%의 물건을 계약하기로 결정하고 수일 내 매수의향서를 매도인에게 전달하였다.

본 물건은 도부가메이도선東武亀戸線, とうぶかめいどせん 오무라이小村井역에서 약 400m 떨어진 곳에 위치하며 도보 5분 내의 초역세권의 70호실 규모의 공동주택이다.

도쿄도 스미다구墨田区는 도쿄 10구 중의 하나로 도쿄스카이트리東京スカイツリー, 아사히맥주본사アサヒビール本社, 료고쿠국기관両国国技館 등이 이곳에 위치해 있으며 아사쿠사浅草와도 바로 인접해 있다. 스카이트리 재개발이 시작된 후는 킨시쵸역錦糸町駅, きんしちょうえき 북쪽 지역을 중심으로 문화시설 등이 많이 생겼고 도쿄 23구에는 거의 없는 거대 쇼핑몰인 오리나스オリナス와 소라마치ソラマチ가 여기에 있다. 대체적으로 상업시설의 중심지라기보다는 거주자 중심의 주택 밀집 지역이다.

도쿄스카이트리東京スカイツリー, **스미다구청**墨田区役所, **아사히맥주본사**アサヒビール本社

최○○ 님은 매수 부동산에 직접 거주도 고민하고 있다고 하여 필자는 적극적으로 만류의사를 피력한 바 있다.

임대인은 상층부에 거주하며 건물도 관리하고 임차인의 민원도 해결하는 등의 한국식 관리방식이 좋은 것이라고 생각할 수도 있겠으나 일본은 그러한 형태의 임대인과 임차인 관계가 일상적이지도 않고 부동산 운영과 관리에서 단점이 더 많이 부각 될 수 있음을 인식하여야 한다.

　가장 좋은 임대관리는 가능한 한 임대인이 임차인과 마주치지 않고 관리회사가 모든 관리 업무를 대행하는 것이고, 이는 민원 해결 비용에 있어서도 경제적이고 부동산 관리 형태에 있어서도 체계적이다. 더불어 임차인들의 거주 편리함에도 유리하여 계약 지속률을 높이는 방법 중 하나이기 때문이다. 더욱이 본 물건은 70호실이나 되는 제법 규모가 큰 공동주택으로서 체계적이고 전문적인 관리가 필수적이기에 임대인의 관여보다는 전문 관리회사의 관리가 반드시 필요한 부동산이다.

　차지권 물건이다 보니 수익률은 연 8.22%로 상당하다. 시간이 지나며 월

物 件 概 要 書

種　類	収益マンション	名　　称	
所 在 地	住居表示	東京都墨田区	
	地　番		
交　通		東武亀戸線　小村井駅　徒歩5分　　　JR総武・中央線　亀戸駅　徒歩13分	
土地	地　目	宅地	
	公簿地積	334.34 ㎡　　　（　101.14　坪　）	
	実測地積	㎡　　　（　　0.00　坪　）	
権利形態		借地権	
道　路		南東側　約21.8m	
建物	家屋番号		
	用　途	共同住宅	
	構　造	鉄骨鉄筋コンクリート・鉄筋コンクリート造陸屋根11階建	
	延床面積	1370.26 ㎡　　　（　414.50　坪　）	
	築年月日	昭和　63 年　　1 月　　　日　竣工	
現　況		賃貸中	
法令上の制限	用途地域	商業地域	
	建蔽率	%　　　80 %	
	容積率	%　　　400 %	
	防火指定	防火地域	
	高度指定		
	その他		
価　格		総額7億7500万円（税込）	
取引方法	相談		
引渡期日	相談		
取引形態	媒介		
備考			

세 조정 시 수익률은 더욱 높아질 것이다. 이것이 차지권에 투자하는 이유
이기도 하다.

　토지를 소유하지 않은 부동산에 임차인의 입주가 쉬운 일이 아닌 것은

号室	形態	床面積(m²)	属性	月額賃料	(消費税)	月額共益費	(消費税)	月額合計	(消費税)	敷金	契約期間	備考
104	住居	16.45	個人	¥54,000	¥-	¥8,000	¥-	¥62,000	¥-	¥-	2020年7月31日 ～ 2022年7月30日	
201	住居	16.47	個人	¥65,000	¥-	¥8,000	¥-	¥65,000	¥-	¥130,000	2020年3月1日 ～ 2022年2月28日	
202	住居	16.47	個人	¥58,000	¥-	¥8,000	¥-	¥66,000	¥-	¥-	2019年3月24日 ～ 2021年3月23日	
203	住居	16.47	個人	¥57,000	¥-	¥8,000	¥-	¥65,000	¥-	¥57,000	2020年7月21日 ～ 2022年7月20日	
204	住居	16.47	個人	¥57,000	¥-	¥8,000	¥-	¥65,000	¥-	¥114,000	2019年4月1日 ～ 2021年3月31日	
205	住居	16.47	個人	¥59,000	¥-	¥8,000	¥-	¥67,000	¥-	¥59,000	2020年2月15日 ～ 2022年2月14日	
208	住居(事務所)	16.47	個人	¥220,000	¥22,000	¥30,000	¥3,000	¥250,000	¥25,000	¥3,432,980	2013年4月1日 ～ 2023年3月31日	206・207・208 KDDI 受変電設備倉庫
301	住居	16.47	個人	¥59,000	¥-	¥8,000	¥-	¥67,000	¥-	¥-	2019年4月27日 ～ 2021年4月26日	RC45,360撤収済み
302	住居	16.47	個人	¥58,500	¥-	¥8,000	¥-	¥66,500	¥-	¥-	2019年5月26日 ～ 2021年6月25日	
303	住居	16.47	個人	¥59,000	¥-	¥8,000	¥-	¥67,000	¥-	¥59,000	2019年2月28日 ～ 2021年2月27日	
304	住居	16.47	個人	¥60,000	¥-	¥8,000	¥-	¥68,000	¥-	¥-	2019年7月23日 ～ 2021年9月17日	RC45,360撤収済み
305	住居	16.47	個人	¥59,000	¥-	¥8,000	¥-	¥67,000	¥-	¥59,000	2019年9月18日 ～ 2021年9月17日	
306	住居	16.45	個人	¥59,000	¥-	¥8,000	¥-	¥67,000	¥-	¥-	2019年2月3日 ～ 2021年1月15日	RC45,360撤収済み
307	住居	16.47	個人	¥57,000	¥-	¥8,000	¥-	¥65,000	¥-	¥-	2020年1月16日 ～ 2022年1月15日	
308	住居	16.45	個人	¥60,000	¥-	¥8,000	¥-	¥68,000	¥-	¥60,000	2020年2月29日 ～ 2022年2月27日	
401	住居	16.47	個人	¥59,500	¥-	¥8,000	¥-	¥67,500	¥-	¥-	2018年10月29日 ～ 2020年10月28日	
402	住居	16.47	法人	¥59,000	¥-	¥8,000	¥-	¥67,000	¥-	¥-	2019年5月18日 ～ 2021年5月17日	RC45,360撤収済み
403	住居	16.47	個人	¥59,000	¥-	¥8,000	¥-	¥67,000	¥-	¥-	2019年10月11日 ～ 2021年10月10日	
404	住居	16.47	法人	¥59,000	¥-	¥8,000	¥-	¥67,000	¥-	¥-	2019年5月18日 ～ 2021年5月17日	RC45,360撤収済み
405	住居	16.47	個人	¥59,000	¥-	¥8,000	¥-	¥67,000	¥-	¥-	2020年3月22日 ～ 2022年3月21日	
406	住居	16.45	法人	¥59,500	¥-	¥8,000	¥-	¥67,500	¥-	¥-	2019年5月18日 ～ 2021年5月17日	RC45,360撤収済み
407	住居	16.47	個人	¥58,000	¥-	¥8,000	¥-	¥66,000	¥-	¥116,000	2020年3月13日 ～ 2022年3月12日	
408	住居	16.45	個人	¥59,000	¥-	¥8,000	¥-	¥67,000	¥-	¥59,000	2020年3月24日 ～ 2022年3月23日	
501	住居	16.47	個人	¥59,000	¥-	¥8,000	¥-	¥67,000	¥-	¥59,000	2020年6月20日 ～ 2022年6月19日	
502	住居	16.47	個人	¥59,000	¥-	¥8,000	¥-	¥67,000	¥-	¥-	2019年9月30日 ～ 2021年9月29日	RC45,360撤収済み
503	住居	16.47	個人	¥59,000	¥-	¥8,000	¥-	¥67,000	¥-	¥-	2019年10月19日 ～ 2021年10月18日	
504	住居	16.47	個人	¥59,500	¥-	¥8,000	¥-	¥67,500	¥-	¥-	2019年6月26日 ～ 2021年4月25日	RC45,360撤収済み
505	住居	16.47	個人	¥59,000	¥-	¥8,000	¥-	¥67,000	¥-	¥-	2019年6月30日 ～ 2021年6月29日	
506	住居	16.47	個人	¥59,500	¥-	¥8,000	¥-	¥67,500	¥-	¥-	2019年9月14日 ～ 2021年9月13日	
507	住居	16.47	個人	¥59,000	¥-	¥8,000	¥-	¥67,000	¥-	¥59,000	2020年1月15日 ～ 2022年1月14日	
508	住居	16.47	個人	¥58,000	¥-	¥8,000	¥-	¥66,000	¥-	¥58,000	2020年2月22日 ～ 2022年2月21日	
601	住居	16.47	個人	¥64,000	¥-	¥8,000	¥-	¥72,000	¥-	¥60,500	2020年5月5日 ～ 2022年5月4日	
602	住居	16.47	個人	¥70,000	¥-	¥8,000	¥-	¥78,000	¥-	¥70,000	2020年6月15日 ～ 2022年6月14日	
603	住居	16.47	個人	¥60,000	¥-	¥8,000	¥-	¥68,000	¥-	¥60,000	2019年4月20日 ～ 2021年1月19日	
604	住居	16.47	個人	¥59,000	¥-	¥8,000	¥-	¥67,000	¥-	¥-	2019年4月30日 ～ 2021年4月29日	
605	住居	16.47	空	¥67,000	¥-	¥8,000	¥-	¥75,000	¥-	¥57,000	～	
606	住居	16.45	個人	¥57,000	¥-	¥8,000	¥-	¥65,000	¥-	¥120,000	2020年5月1日 ～ 2022年4月30日	
607	住居	16.47	空	¥67,000	¥-	¥8,000	¥-	¥75,000	¥-	¥-	～	
608	住居	16.45	個人	¥61,000	¥-	¥8,000	¥-	¥69,000	¥-	¥122,000	2020年7月1日 ～ 2022年4月30日	
701	住居	16.47	個人	¥60,000	¥-	¥8,000	¥-	¥68,000	¥-	¥-	2019年4月30日 ～ 2021年4月29日	RC45,360撤収済み
702	住居	16.47	個人	¥60,000	¥-	¥8,000	¥-	¥68,000	¥-	¥60,000	2020年1月7日 ～ 2022年1月6日	
703	住居	16.47	個人	¥59,000	¥-	¥8,000	¥-	¥67,000	¥-	¥-	2018年11月30日 ～ 2020年11月29日	
704	住居	16.47	個人	¥60,000	¥-	¥8,000	¥-	¥68,000	¥-	¥-	2019年10月18日 ～ 2021年10月17日	
705	住居	16.47	空	¥67,000	¥-	¥8,000	¥-	¥75,000	¥-	¥-	～	
706	住居	16.45	個人	¥61,500	¥-	¥8,000	¥-	¥69,500	¥-	¥-	2018年9月5日 ～ 2020年9月4日	
707	住居	16.47	個人	¥60,000	¥-	¥8,000	¥-	¥68,000	¥-	¥60,000	2019年8月1日 ～ 2021年7月31日	
708	住居	16.45	個人	¥65,000	¥-	¥8,000	¥-	¥73,000	¥-	¥61,500	2020年6月1日 ～ 2022年5月31日	駐車場あり
801	住居	16.47	個人	¥62,000	¥-	¥8,000	¥-	¥70,000	¥-	¥64,000	2018年9月25日 ～ 2020年9月24日	
802	住居	16.47	個人	¥61,000	¥-	¥8,000	¥-	¥69,000	¥-	¥61,000	2020年1月17日 ～ 2022年1月16日	
803	住居	16.47	法人	¥70,000	¥-	¥8,000	¥-	¥78,000	¥-	¥70,000	2020年5月27日 ～ 2022年5月26日	
804	住居	16.47	個人	¥65,000	¥-	¥8,000	¥-	¥73,000	¥-	¥61,000	2020年5月27日 ～ 2022年5月26日	
805	住居	16.47	個人	¥61,000	¥-	¥8,000	¥-	¥69,000	¥-	¥61,000	2020年3月2日 ～ 2022年3月28日	
806	住居	16.45	個人	¥59,000	¥-	¥8,000	¥-	¥67,000	¥-	¥59,000	2019年3月1日 ～ 2021年2月28日	
807	住居	16.47	個人	¥59,000	¥-	¥8,000	¥-	¥67,000	¥-	¥118,000	2019年9月1日 ～ 2021年8月31日	
808	住居	16.45	個人	¥62,000	¥-	¥8,000	¥-	¥70,000	¥-	¥-	2019年6月26日 ～ 2021年6月25日	
901	住居	16.47	個人	¥61,000	¥-	¥8,000	¥-	¥69,000	¥-	¥61,000	2020年1月7日 ～ 2022年1月6日	
902	住居	16.47	個人	¥62,000	¥-	¥8,000	¥-	¥70,000	¥-	¥-	2019年7月20日 ～ 2021年7月19日	
903	住居	16.47	個人	¥62,000	¥-	¥8,000	¥-	¥70,000	¥-	¥62,000	2020年2月1日 ～ 2022年1月31日	
904	住居	16.47	個人	¥60,000	¥-	¥8,000	¥-	¥68,000	¥-	¥-	2020年3月20日 ～ 2022年3月19日	
905	住居	16.47	個人	¥65,000	¥-	¥8,000	¥-	¥73,000	¥-	¥64,000	2020年5月27日 ～ 2022年5月26日	
1001	住居	16.47	個人	¥69,000	¥-	¥-	¥-	¥69,000	¥-	¥69,000	2020年2月1日 ～ 2022年1月31日	
1002	住居	16.47	個人	¥64,000	¥-	¥8,000	¥-	¥72,000	¥-	¥64,000	2020年1月24日 ～ 2022年1月23日	
1003	住居	16.47	個人	¥62,000	¥-	¥8,000	¥-	¥70,000	¥-	¥-	2019年4月30日 ～ 2021年4月29日	
1004	住居	16.47	個人	¥62,000	¥-	¥8,000	¥-	¥70,000	¥-	¥62,000	2019年12月23日 ～ 2021年12月22日	
1005	住居	16.47	個人	¥60,000	¥-	¥5,000	¥-	¥65,000	¥-	¥-	2018年11月18日 ～ 2020年11月17日	
1101	住居	16.47	個人	¥62,000	¥-	¥8,000	¥-	¥70,000	¥-	¥63,000	2019年9月25日 ～ 2021年3月31日	
1102	住居	16.47	個人	¥61,000	¥-	¥8,000	¥-	¥69,000	¥-	¥66,000	2020年4月11日 ～ 2022年4月10日	
1103	住居	16.47	個人	¥65,000	¥-	¥8,000	¥-	¥73,000	¥-	¥130,000	2019年5月1日 ～ 2021年4月30日	
1104	住居	16.47	個人	¥64,000	¥-	¥8,000	¥-	¥72,000	¥-	¥64,000	2020年2月1日 ～ 2022年1月29日	
1105	住居	16.47	個人	¥63,000	¥-	¥8,000	¥-	¥71,000	¥-	¥-	2019年2月28日 ～ 2021年2月27日	RC45,360撤収済み
住居小計－①				¥4,424,000	¥22,000	¥563,000	¥3,000	¥4,987,000	¥25,000	¥6,251,980		

PK	駐車場	-	空	¥27,000	¥2,700	¥-	¥-	¥27,000	¥2,700	¥-	～	
パーク1	駐車場	-	空	¥12,000	¥1,200	¥-	¥-	¥12,000	¥1,200	¥12,000	2019年9月18日 ～ 2021年9月17日	305
パーク2	駐車場	-	空	¥10,000	¥1,000	¥-	¥-	¥10,000	¥1,000	¥-	～	
パーク3	駐車場	-	空	¥10,000	¥1,000	¥-	¥-	¥10,000	¥1,000	¥-	～	
パーク4	駐車場	-	個人	¥12,000	¥1,200	¥-	¥-	¥12,000	¥1,200	¥12,000	2020年5月22日 ～ 2021年5月21日	
パーク5	駐車場	-	空	¥10,000	¥1,000	¥-	¥-	¥10,000	¥1,000	¥-	～	
パーク6	駐車場	-	空	¥10,000	¥1,000	¥-	¥-	¥10,000	¥1,000	¥-	～	
パーク7	駐車場	-	空	¥10,000	¥1,000	¥-	¥-	¥10,000	¥1,000	¥-	～	
パーク8	駐車場	-	空	¥10,000	¥1,000	¥-	¥-	¥10,000	¥1,000	¥-	～	
パーク9	駐車場	-	空	¥10,000	¥1,000	¥-	¥-	¥10,000	¥1,000	¥-	～	
パーク10	駐車場	-	個人	¥12,000	¥1,200	¥-	¥-	¥12,000	¥1,200	¥12,000	2020年8月28日 ～ 2021年8月27日	
パーク11	駐車場	-	個人	¥12,000	¥1,200	¥-	¥-	¥12,000	¥1,200	¥12,000	～	
駐車場小計－③				¥145,000	¥14,500	¥-	¥-	¥145,000	¥14,500	¥48,000		

駐輪場	駐輪場	-		¥4,750		¥-	¥-	¥4,750	¥-	19台登録@250円	(202・402・405・406・502・504・507・604・701・703・708・802・804・805・806・904・1001・1003・1005)	

アンテナ	設備	-	法人	¥115,000	¥11,500	¥-	¥-	¥115,000	¥11,500	¥-	～	KDDI

総区数	空室数	稼働率	満室収入	消費税	現状収入	消費税		住居＋駐車場 高依込計 月額 税込	住居＋駐車場 高依込計 月額 税抜
70	3	95.7%	¥4,987,000	¥25,000	¥4,762,000	¥25,000		¥5,171,500	¥4,439,800
駐車場区数	空数	稼働率	¥145,000	¥14,500	¥48,000	¥4,800		住居＋駐車場 高依込計 月額 税込	住居＋駐車場 高依込計 年額 税抜
12	8	33.3%						¥62,058,000	¥58,077,600

위 지적도는 본 물건과 관련이 없으며 참고용임

한국에서의 전세보증금 및 상당한 금액의 월세 보증금 등 임차인이 되돌려 받아야 하는 금원의 규모가 큰 경우에 해당한다. 일본은 전술한 바와 같이 보증금이라고 하더라도 1~2개월 치 월세 수준으로 권리분석의 필요가 없고 건물 소유주가 토지도 소유하고 있어야 한다는 개념이 크지 않아 차지권 물건의 임대차 계약에 토지 소유 여부가 문제가 되는 일은 많지 않다.

2022년 9월 최OO 님은 대출신청 과정 없이 잔금일 전액 자기자본을 지급하기로 하며 매매계약을 체결하였다.

물론 토지 소유주와의 차지권양도양수에 대한 동의서를 받고 차지권의 분쟁이 없음을 확인한 후의 계약이다. 이는 계약일 이전에 한, 미, 일 상호 소통하며 각 계약서의 문구를 모두 확인한 후 계약 당일은 날인만 하면 되도록 준비가 되었다.

6) 최〇〇 님의 잔금, 차지계약 및 관리회사계약

매매계약 체결 전후 토지주와의 협의가 이미 진행되었고 건물매매계약에 관한 양해도 마무리된 상태로 잔금일인 2022년 11월 보증금, 차임, 세금 등 일체의 비용을 정산하고 상계잔금을 지급한 후 동석한 법무사가 당일 소유권이전등기 신청서를 접수함과 동시에 토지주와의 차지계약서를 다시 체결하는 일로 매매계약을 마무리하였다.

같은 날 관리회사 사무실로 자리를 옮겨 시설관리 및 임대관리 계약도 마무리하였다.

7) 최〇〇 님의 사후관리

동 물건은 매수 당시 3개 호실과 주차장 8개 구획의 임대수익이 없었던 상태였으나 현재 주택 3개 호실은 임차인이 입주하였고 주차장 5개 구획만 남아 있는 상태이다.

최〇〇 님은 아직 미국에서의 운영매장 및 부동산 등 처분과 정리가 진행 중에 있고 몇 년 사이 일본으로 이주할 목적에 있어 현재는 임차인의 변동 없이 차임, 관리비, 세금 신고 등 통상적인 과정에 따라 관리회사의 관리보고서를 제공 받는 것 외에 특별한 사정없이 잘 유지되고 있다.

매월 임대 및 시설관리회사의 운영보고서가 메일로 송부되면 이를 다시 한국어로 변역하여 최〇〇 님에게 송부해 드리는 일을 몇 개월 해드렸으나 이는 일상적인 보고서로서 한자를 읽는 수준이면 대략적인 내역은 익숙해져 최〇〇 님 또한 더 이상 번역본을 송부해 드리지는 않고 있다. 다만 시설관리 중 관리회사와 임대인 간의 협의가 필요 한 개·보수 등이 있는 경우에는 협의과정을 대행 또는 대리인으로 그 논의를 마무리하는 과정이 필요한 경우도 있어 지속적인 관리와 조언이 필요하다.

5 | 남궁○ 님 외 7인의 11억엔 매물 공동투자 사례

1) 남궁○ 님 외 7인의 의뢰

2022년도 일본 방문은 사업적 목적으로 입국하는 것 외에 입국이 쉽지 않았다. 물론 사업적 목적으로 일본 입국 시에도 일본의 협력사에서 초청장을 외무성外務省에 접수하고 이를 근거로 국내 일본 대사관에서 비자를 발급받아야 하였으며 코로나 검사 후 음성확인서를 첨부하여 입국하고 출국 시에도 다시 코로나 검사 후 음성확인서를 첨부하여야 하는 등 양국 간 이동에 불편함이 많았다.

2022년도 하반기 비자 발급 없이 무비자 입국이 다시 가능해지자 관광을 목적으로 하는 입국자 수가 늘어나는 등 한국과 일본의 왕래가 빈번해지기 시작하였다.

국가 간 왕래가 다시 빈번해지기 직전인 2022년 6월 한 차례 전화상담을 하였던 남궁〇 님이 방문 상담을 신청하여 일정을 잡았는데 8명이나 방문한다고 한다.

남궁〇 님 외 7인은 한국에서 이미 공동투자를 하여 부동산을 매입하고 이를 다시 매각하는 방식으로 수익을 얻었다고 한다. 대출금리의 예측할 수 없는 지속적인 인상과 부동산 관련 규제 및 세금 등으로 국내 부동산 투자보다는 저금리와 엔저 조건의 일본 부동산 투자가 수익성 면에서 유리하고 안전하다는 판단을 하게 되었다고 한다.

공동투자자들의 합의 된 투자방식은 장기간 임대수익을 목적으로 하기보다는 약 5년 전후의 기간을 두고 임대수익과 매매차익 및 환차익을 통해 매각수익을 높이는 것에 방점을 두는 투자방식이었다.

한국 내 부동산 처분 비용 약 50억 원 정도로 도쿄 5구 내 상업용 빌딩 특히 오피스빌딩을 선호하는 의뢰에 맞춰 매물을 찾기로 하였다.

공동투자는 투자에 따른 위험성을 분산시켜 투자 리스크를 줄일 수 있고, 소액으로 고가의 부동산을 투자하기에 용이하다. 또한 부동산 매입, 관리 및 운영에 소요되는 제반 비용이 개별 투자 대비 상당히 저렴하여 투자수익률을 높일 수 있다는 장점이 있다. 공동투자자 간의 분쟁이 발생하지 않도록 사전 합의가 철저히 이루어진다면 권장할만한 투자방식이다.

2) 남궁〇 님 외 7인의 법인설립

우선 국내에서 필자의 요청에 따라 공동투자자 8인 모두가 공동투자계약서를 체결하였다. 오랜 지인이라 하더라도 부동산이나 금전의 거래가 있는 경우 오해가 발생하면 불편한 사이가 되는 경우를 흔히 볼 수 있다. 불편한 사이 정도야 괜찮겠지만 분쟁으로 인해 상호 적대적 관계로까지 바뀔 수 있는 것이 자본사회의 속성이다 보니 이를 문서화 하는 것이 최선이라고 할 것이다.

공동투자자 8인 모두가 주주로 등재되고 상호 합의 하에 남궁○ 님을 대표이사로 하는 법인설립 절차를 진행하였다. 8인의 투자금액이 각 차이가 있어 모든 비용 및 배당은 법인 주주명부의 인수 주식수 및 납입금액의 비율로 할 것을 문서화하였다.

공동투자자들은 서로 인맥이나 학연으로 연결되어 있던 사이는 아니었다고 한다. 국내 커뮤니티community를 통한 소규모 투자를 공동으로 하며 막역해진 사이이고, 투자를 거듭하면서 다소 이견은 있었으나 공통된 의견을 도출하고 이를 투자와 수익의 결과를 얻다 보니 일본 부동산 투자까지 공동으로 하게 되었다고 한다.

3) 남궁○ 님 외 7인의 임장

필자는 남궁○ 님 외 7인에게 임대 수익률을 일본 부동산 투자의 최우선 목적으로 두지 않고 있고 매매차익을 우선하고자 한다면 수익률은 5% 이하에서 가능한 도쿄 3구의 오피스빌딩을 검토할 것을 제안드렸다.

이에 도쿄 3구로 칭하는 치요다구千代田区, 추오구中央区, 미나토구港区 내에서 물건을 찾아보기로 하였다. 도쿄 3구 내에서 순차적으로 약 15개 정도의 물건 리스트를 전달하였다.

남궁○ 님 외 7인은 각자 직장이 있다 보니 모두 함께 임장을 갈 수는 없었고, 2~4명이 3차례 정도 일본 현지에서 각 물건에 대한 임장을 실시하였다.

대부분의 고객들이 그러하듯 물건에 대한 욕심은 한이 없어 현지 방문 후 입지적 조건과 부동산 물건의 상태는 조금씩 고가 물건에 시선이 집중되는 경향이 발생한다. 투자할 수 있는 나의 자본과 대출 범위 등을 종합적으로 판단하여 한계점에 도달할 때 물건을 결정하여야 한다. 그렇지 않고 물건에 대한 욕심을 부리게 되면 국내의 다른 자산을 처분하는 등 무리한 투자로 이어지는 경우가 종종 발생하곤 한다.

4) 남궁○ 님 외 7인의 매매(입)계약, 대출 신청

수개월 간 8명의 고생이 모여져 도쿄도 치요다구千代田区 ○○○ 000번지, 대지면적 149.02㎡(45.08평), 연면적 738.58㎡(223.42평), 지상 8층, 매입가 1,100,000,000엔, 보증금 28,351,100엔, 월임료 4,361,050엔, 연수익률 4.88%의 물건이 결정되었다. 본 물건은 8개 층 모두 사무실로 임대 중인 물건이다.

본 물건은 유라쿠초선有楽町線, 난보쿠선南北線, 도에이신주쿠선都営新宿線의 이치가야역市ヶ谷駅에서 도보 5분 거리의 초역세권 오피스빌딩이다.

치요다구는 도쿄도 내의 행정부, 입법부, 사법부가 집결되어있는 곳으로 구의 중심 지역은 일왕이 거주하는 고쿄皇居가 자리하고 있다. 금융의 중심지인 마루노우치丸の内가 있고, 경제적 중심지로서 오피스빌딩이 많은 곳이기도 하다.

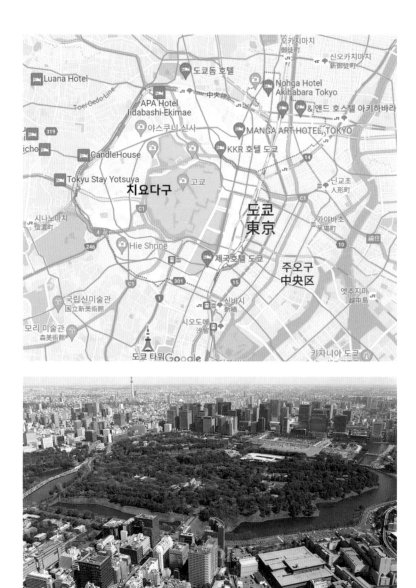

고쿄皇居

위 사진은 본 물건과 관련이 없으며 참고용임

物 件 概 要 書

種　　類	収益ビル	名　　称	
所 在 地	住居表示	東京都千代田区	
	地　番		
交　　通		有楽町・南北・都営新宿線　市ヶ谷駅　徒歩5分	
土地	地　目	宅　地	
	公簿地積	149.02 ㎡ （　45.08 坪 ）	
	実測地積	㎡ （　0.00 坪 ）	
権利形態		所有権	
道　　路		北東側 約11.04m　東南側 約8.2m	
建物	家屋番号		
	用　途	事務所	
	構　造	鉄骨鉄筋コンクリート造陸屋根8階建	
	延床面積	738.58 ㎡ （　223.42 坪 ）	
	築年月日	昭和 60 年　4 月　3 日　竣工	
現　　況		賃貸中	
法令上の制限	用途地域	商業地域	
	建蔽率	％ 80 ％	
	容積率	％ 500 ％	
	防火指定	防火地域	
	高度指定		
	その他	第二種文教地区	
価　　格		総額11億円（税込）	
取引方法	相談		
引渡期日	相談		
取引形態	媒介		
備考			

フロア番	テナント名		契約面積		月額賃料	坪単価	月額共益費	坪単価	賃料+共益費	坪単価	敷金(保証金) 中個償却	敷金月数	賃貸借期間 原契約締結日	契約開始日	契約終了日	更新 (年)	更新料 (月)	備考
1F	事務所	法人(建業関係)	99.40㎡	30.06坪	902,700	15,000	0	0	902,700	15,000	9,027,000	10.0ヶ月	2013/5/1	2020/7/1	2025/6/30	2年	-	2023/6/30まで 賃料@716,200円(坪単価11,300円)に減額 ※5
2F	事務所	法人(建業関係)	99.58㎡	30.12坪														
3F	事務所 (応接内装付)	法人(IT)	102.49㎡	31.00坪	713,000	23,000	0	0	713,000	23,000	2,852,000	4.0ヶ月	2019/5/27	2019/7/31	2021/7/30	2年	1ヶ月	※4
4F	事務所 (応接内装付)	法人(IT)	77.86㎡	23.55坪	541,650	23,000	0	0	541,650	23,000	3,249,900	6.0ヶ月	2020/11/10	2020/11/13	2022/11/12	2年	1ヶ月	賃料免除期間:2020/11/13～2021/2/12 ※4
5F	事務所 (応接内装付)	法人(コンサルティング)	77.86㎡	23.55坪	541,650	23,000	0	0	541,650	23,000	3,249,900	6.0ヶ月	2019/4/25	2019/7/12	2021/7/11	2年	1ヶ月	※4
6F	事務所 (応接内装付)	法人(不動産)	77.86㎡	23.55坪	541,650	23,000	0	0	541,650	23,000	3,249,900	6.0ヶ月	2019/4/17	2019/6/1	2021/5/31	2年	1ヶ月	※4
7F	事務所 (応接内装付)	法人(Web広告)	77.86㎡	23.55坪	541,650	23,000	0	0	541,650	23,000	3,249,900	6.0ヶ月	2020/9/25	2020/10/26	2022/10/25	2年	1ヶ月	※4
8F	事務所 (応接内装付)	法人(IT)	76.55㎡	23.15坪	578,750	25,000	0	0	578,750	25,000	3,472,500	6.0ヶ月	2019/9/9	2019/10/1	2021/9/30	2年	1ヶ月	※4
稼動面積	計		689.46㎡	(208.53坪)	4,361,050	20,913	0	0	4,361,050	20,913	28,351,100							
貸室面積	計		689.46㎡	(208.53坪)	4,361,050	20,913	0	0	4,361,050	20,913	28,351,100							

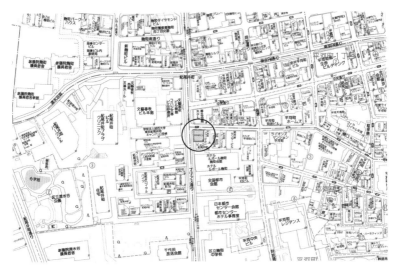

위 지적도는 본 물건과 관련이 없으며 참고용임

공동투자자 중 일정이 되는 남궁○ 외 2인이 참석하여 2022년 11월 매매계약이 체결되었다. 체결된 계약서를 첨부하여 은행에 대출 신청을 하였다. 매매계약 체결 전 탁상감정으로 예상 대출금액을 제공 받기는 하였으나 정식 대출 신청에 따라 매매가 1,100,000,000엔의 약 52%인 572,000,000엔이 실행되었다.

5) 남궁○ 님 외 7인의 잔금 및 관리회사계약

남궁○ 님 외 7인은 당해 연도에 매매를 마무리하기 희망하여 2022년 12월 잔금 지급을 완료 하였다. 보증금, 차임, 세금 등 일체의 비용을 정산하고 상계잔금을 지급한 후 동석한 법무사가 당일 소유권이전등기 신청서를 접수하였다. 남궁○ 님 외 7인의 공동투자 시작점의 결과를 얻게 된 것이다.

같은 날 관리회사 사무실로 자리를 옮겨 시설관리 및 임대관리 계약도 마무리하였다. 공동투자자 중 계약에 참석한 1인이 국내에서 부동산관리회사를 운영 중이다 보니 시설관리계약 시 일본의 건물관리 및 시설관리에 관한 대화가 지속되었다. 계약 시간이 상당히 지체되기는 하였지만 전문 분야의 투자자가 있다는 것은 일본의 관리회사 입장에서도 조심스럽지 않을 수 없을 것이다.

투자자 중 1인이 운영하는 부동산관리업과 같이 대개 한국의 부동산관리업이란 일본과 달리 중대형 건물의 경비, 청소, 방제 업무의 범위를 벗어나지 못하고 있는 것이 현실이다. 국내에도 일본과 같은 전문적 시설 및 임대관리 시스템이 소형건물을 포함하여 모든 부동산에 정착되면 좋을 듯하다.

6) 남궁○ 님 외 7인의 사후관리

동 물건에 대한 8인의 공동투자자를 대표하여 남궁○ 님에게 임대관리 및 시설관리회사의 보고서가 전달되면 이를 번역하여 공동투자자 8인 모두에게 발송해 드리고 있다. 아직은 매수부동산에 대한 운영과정이 루틴으로 익숙해지지 않았고, 한국에서 일본과 같은 시설관리 및 임대관리의 체계적인 운영방식을 경험해 보지 못하여 다소 생소할 수도 있겠지만 수개월 간 반복되는 비슷한 형식의 보고서를 접하다 보면 여느 일본 부동산 투자자들처럼 어느새 익숙해질 것으로 생각한다.

돈이 되는
일본 부동산 투자 가이드

초판 1쇄 2023년 9월 15일

글쓴이 | 채운釋雲
펴낸이 | 김준연
편   집 | 이부섭
디자인 | 김선미
펴낸곳 | 도서출판 단비

등 록 | 2003년 3월 24일(제2012-000149호)
주 소 | 경기도 고양시 일산서구 고양대로 724-17, 304동 2503호(일산동, 산들마을)
전 화 | 02-322-0268
팩 스 | 02-322-0271
전자우편 | rainwelcome@hanmail.net

ISBN -979-11-6350-087-2 03320
값 20,000원